1862
2012
ADRIANO SALANI EDITORE
Da 150 anni più felici con un libro

Questo libro è stampato su carta Cyclus by Arjowiggins riciclata al 100%

A cura di Laura De Tomasi
Progetto grafico: Catoni Associati
Realizzazione: Macchia Nera di Andrea Bongiorni
In copertina: fotografia di Veruska Formelli

Ponte alle Grazie è un marchio
di Adriano Salani Editore S.p.A.
Gruppo editoriale Mauri Spagnol

Il nostro sito Internet è: www.ponteallegrazie.it
Per essere informato sulle novità
del Gruppo editoriale Mauri Spagnol visita:
www.illibraio.it
www.infinitestorie.it

ISBN: 978-88-6220-594-8

I MAGNIFICI 20 I MAGNIFICI

UN ANNO IN CUCINA CON

MARCO BIANCHI

PONTE ALLE GRAZIE

La «magnifica» piramide alimentare, fotografata da Claudio e Samuele di prospekt per il filmato di presentazione del libro.

Il mio diario, i Magnifici 20... *e tanti lettori davvero* Magnifici

Sono molto emozionato... Sto scrivendo la prefazione del mio nuovo libro. Un libro senza paragoni. Avete visto la copertina? E il formato? Avete provato a sfogliarlo? Colori, ricette e sensazioni...

E questa non è la solita prefazione scientifica: stavolta no... Prima, però, lasciatemi ricordare che quanto ho scritto a proposito del profilo funzionale e nutraceutico degli alimenti nei *Magnifici 20* e nelle *Ricette dei Magnifici 20* trova sempre più conferma nei laboratori e sulle pubblicazioni scientifiche, e per fortuna è sempre più spesso suggerito da nutrizionisti e ricercatori del settore. Sono molto felice per questo: la strada è lunga, ma si procede nel verso giusto, e la sensibilità alla salute è frequentemente condivisa da aziende e ristoratori. I *Magnifici 20* sono riconosciuti come base della buona piramide alimentare: cibi che ci fanno del bene, ci fanno sorridere e ci proteggono. Così, anche in queste pagine si parla di nutraceutici: li trovate in bella vista accanto agli ingredienti delle ricette.

Ma ora vi racconto come è nato questo libro...

La scorsa primavera, il mio editore mi ha proposto di scrivere un diario-raccolta di ricette, suddiviso per mesi e in cui trovassero posto le sensazioni che mi spingono a preparare un piatto piuttosto che un altro, ma anche luoghi, persone e avvenimenti: un diario di ricette, più che un ricettario.
La proposta non finiva qui: i *Magnifici 20* sarebbero diventati un blog in cui pubblicare le mie ricette ma anche quelle dei miei lettori. Con tanto di fotografie dei piatti, scattate - nel mio caso - con il cellulare.

La risposta dei lettori al blog è stata entusiasmante. Dopo un paio di settimane ho cominciato a ricevere ricette su ricette. Non potevo non pubblicarle qui, anche se ovviamente non tutte: mese dopo mese, i fan dei *Magnifici 20* stanno mettendo insieme materiale per molto più che un solo libro... E anche per questo, sceglierle è stato alquanto complicato!

Grazie quindi, non solo agli autori delle ricette che troverete in queste pagine, ma a tutti coloro che le hanno inviate. La vostra passione e il vostro entusiasmo mi stanno accompagnando ogni giorno: questo è il mio diario, ma anche il vostro. Sono felice di ritrovarvi qui con me.

I Magnifici 20 *al servizio della biochimica... e delle emozioni*

Quando mangiamo, non ci limitiamo a soddisfare la sensazione fisica della fame: soddisfiamo anche l'appetito e soprattutto le nostre emozioni. Anche se di quest'ultimo aspetto, il più delle volte, non ci rendiamo conto.

Tra ciò che mangiamo e il nostro stato d'animo, il nostro umore, esiste un legame. Il cibo è emozione, oltre che un modo per saziarci. In certe situazioni di disagio psicologico può addirittura essere considerato un analgesico.

Una ricetta di cucina deve sempre essere vista sotto due aspetti: uno biochimico, l'altro materiale. L'aspetto biochimico è quello che riguarda i principi «attivi» di ogni alimento, ovvero quelli che ne definiscono il valore nutrizionale (i grassi, le proteine, gli zuccheri e i micro e macronutrienti). Una volta ingerito, l'alimento viene trasformato dal nostro organismo che ne assimila tutta la funzionalità - come, ad esempio, la gran parte della frutta secca e i cereali integrali, che vengono scomposti e trasformati in neurotrasmettitori, cioè i «messaggeri del cervello» che rendono possibile il pensiero e la consapevolezza delle emozioni, o in ormoni, ovvero le sostanze che dirigono l'attività delle ghiandole endocrine.

Spesso commettiamo errori nutrizionali di cui nemmeno ci accorgiamo e che potremmo evitare: esageriamo con gli zuccheri e cereali raffinati, consumiamo a ogni pasto grassi saturi di origine animale, oli vegetali (palma, cocco) e grassi idrogenati, non introduciamo abbastanza micronutrienti tra cui vitamine e minerali; privilegiamo cibi di origine animale, acidificanti, rispetto alle verdure e alla frutta. Si eccede con il sodio (cioè si esagera nel consumo di alimenti di produzione industriale e con l'uso individuale di sale) e si introduce poca fibra.

Prestate dunque attenzione quando fate la spesa e cucinate, ma fatelo senza angosciarvi e soprattutto cercate di divertirvi e preparare sempre il vostro cibo con una buona intenzione, quella di portare un bel sorriso a tavola!

Ma parliamo ora del secondo aspetto del cibo, così come lo elaboriamo usando una ricetta e come arriva in tavola sotto forma di piatto: l'aspetto materiale.

Intendo tutto ciò che comporta un coinvolgimento sensoriale: gusto, udito, vista, olfatto e tatto.

Ogni piatto preparato dovrebbe essere gustato dall'insieme dei nostri sensi, così da potenziare al massimo il piacere del pasto. A ciò contribuisce anche l'aspetto della tavola: può essere un semplice canovaccio di lino buttato con noncuranza su un pallet e abbinato ai piatti di ceramica della nonna, oppure una tavola apparecchiata di tutto punto e con tanto di candelabri. Entrambi sono fondamentali per aumentare il piacere visivo.

Tutto è soggettivo, ma proprio per questo possiamo fare del nostro momento conviviale un momento di gioia. Una musica di sottofondo, un bicchiere colorato, un impiattamento particolare, un sottopiatto ricco di ricordi e una ricetta di gran gusto, e alla nostra tavola avremo una portata in più che non appesantisce mai, la felicità.

A proposito: grazie mille Veru, perché mi hai dato tanti spunti per questo nuovo libro ma soprattutto mi hai regalato una copertina fantastica! Una brava e bellissima moglie, anche grande fotografa.

E ora buon appetito, divertitevi in questo mio anno in cucina scritto per voi, e con voi!

Marco

P.S.: Come sempre...
Le ricette descritte nel libro sono per 4 persone, ad eccezione dei dolci e salvo dove diversamente indicato.

01
02

Vaniglia
Timo
Menta

gennaio

08

gennaio

Per cominciare bene l'anno

Ecco la ricetta più amata da mia moglie Veru: semplice e ricca come lei di colore e tanto sapore (che sviolinata...).

Zucca agli aromi

Lavate la zucca sotto l'acqua corrente per eliminare eventuali residui di terra. Tagliatela a fette piuttosto sottili, al massimo 1/2 centimetro di spessore. Una volta affettata, eliminate con un coltellino la parte interna filacciosa senza eliminare la buccia. Disponete le fette di zucca sulla teglia del forno rivestita con carta forno bagnata di acqua e strizzata. Oliate leggermente la superficie di ogni fettina (io lo faccio con olio extravergine di oliva in cui ho messo aglio in infusione per 1 mese...) e cospargete di salvia, rosmarino, pepe nero in grani e un pizzico di sale (anche grosso va bene, magari quello affumicato!).
Cuocete in forno per circa 40 minuti a 200°.
Buonissima calda, ma anche fredda fa la sua gran figura!

P.S.: Mi raccomando la buccia, che è ricca di minerali e soprattutto di fibre insolubili!

Ingredienti

- 1 grossa zucca mantovana
- 1 mazzetto di salvia e rosmarino
- olio extravergine di oliva aromatizzato all'aglio
- sale
- pepe nero

Nutraceutici

Carotenoidi
Fibre
Fosforo
Potassio

11

gennaio

Ingredienti

Per la crema:
- 250 ml di yogurt di soia naturale
- 3 cucchiai di miele
- 1 goccia di aroma arancia
- 5 gocce di aroma vaniglia
- 250 g di latte di soia
- 20 g di amido di mais
- 2 cucchiai di zucchero
- 1 g di agar agar in polvere
- 50 ml di olio di semi di girasole

Per il pan di Spagna:
- 60 g di farina integrale
- 60 g di farina manitoba
- 30 g di fecola di patate
- circa 400 ml di latte di soia
- 1 bustina di lievito per dolci
- 60 g di zucchero
- 3 cucchiai di caffè macinato
- 150 g di cioccolato fondente
- 1 bustina di vanillina
- 1 pizzico di sale

Nutraceutici

Calcio
Polifenoli

Il centro di ricerca dove lavoro, l'IFOM (Istituto FIRC di Oncologia Molecolare) è uno dei centri di eccellenza di ricerca oncologica italiana, anzi internazionale. Tantissimi giovani ricercatori entusiasti (il 60% sono donne!) immersi tra tecnologia all'avanguardia e voglia di scoprire, ma anche con le loro passioni, come ad esempio quella della cucina.

Gilda, una delle mie colleghe «salutari», propone al mio blog dei *Magnifici 20* questa ricetta che ricorda tanto una «fetta al latte» famosissima. Armatevi di pazienza ma provatela, perché ne vale davvero la pena e comunque vi regala due ricette in una: un ottimo pan di Spagna e una crema da urlo che ricorda proprio quella «famosa»... Grazie Gilda, proprio fortunato il tuo Beppe-neomaritino!

«Fetta al latte»... di soia!

«Il giorno prima preparate un «vegrino», cioè un formaggio acidulo prodotto con latte o yogurt vegetale, mettendo lo yogurt in un canovaccio pulitissimo in modo che il siero possa colare attraverso la stoffa, e lasciandolo in frigo per almeno 12 ore. Nel canovaccio si formerà un formaggio di soia di consistenza molto simile a un caprino, che può essere usato in preparazioni dolci aggiungendo zucchero o miele oppure salate aggiungendo sale e spezie.
Con il latte, lo zucchero, l'agar agar e l'amido preparate una crema liscia da bollire qualche minuto sul fuoco e lasciar raffreddare. Una volta raffreddata e solidificata, usate uno sbattitore per montarla insieme all'olio. Aggiungete il vegrino e il miele e montate ancora. Raffreddatela in frigo.
Preparate il pan di Spagna: sciogliete il cioccolato a bagnomaria o al microonde con un po' di latte e mescolate tutti gli ingredienti fino a ottenere una crema liscia. Stendetela in una teglia in uno strato sottile e infornate a 180° a forno statico per 15 minuti. Raffreddate coprendolo con una pellicola trasparente (per mantenere l'umidità e ottenere un biscotto morbido anche da freddo) dopo aver spolverizzato con zucchero semolato, affinché la pellicola non si attacchi al biscotto.
Una volta raffreddato, tagliate il pan di Spagna a metà spessore e farcitelo con la crema, formando un sandwich. Tagliatelo in 10 porzioni e fatelo raffreddare ulteriormente in frigo».

Tesori di ricette

Questa ricetta viene da uno dei fan della trasmissione *Tesoro, salviamo i ragazzi!* che hanno partecipato al concorso indetto da FoxLife... (www.foxlife.it/tesoro). Ottima idea e gustosa proposta!

Finto cous cous di cavolfiore

12

gennaio

Ingredienti

- 500 g di cavolfiore crudo (solo le cimette se il gambo è duro)
- 15 foglie grandi di basilico
- 50 g di pinoli
- 50 g di mandorle
- olio di semi di lino
- sale q.b.

Nutraceutici

Calcio
Fosforo
Fibre
Vitamina C

Frullate il basilico insieme alla frutta secca; unite il cavolfiore e poi l'olio, sempre frullando, fino a quando il composto ha l'aspetto del cous cous. Salate a piacere. Fate riposare un'oretta prima di servirlo.

Passatelli in brodo vegetale

18

gennaio

Ingredienti per 3 persone

- 150 g di formaggio grana grattugiato
- 100 g di pangrattato integrale
- 1 uovo + 1 albume (si possono usare anche solo 2 albumi)
- 1 pizzico di noce moscata
- 1 pizzico di scorza grattugiata di limone
- brodo vegetale

Un'altra ricetta tra le tante arrivate al blog dei *Magnifici 20*... È di Marian, e non è la sola che ha mandato. Grazie! I passatelli sono un «classico» e per fortuna esiste chi, come te, mantiene in vita questi piatti tradizionali con rivisitazioni salutari. Bene, bene e ancora bene!

«Impastate insieme tutti gli ingredienti e suddividete l'impasto in 4 palline. Mettete una pallina per volta nello schiacciapatate a fori grossi e fate i passatelli (se avete bambini in casa è facile e divertente anche per loro!). Cuoceteli nel brodo bollente per 1 minuto. Buon appetito!»

21
gennaio

Ingredienti per 3 budini

- ½ l di «latte» di canapa autoprodotto
- 2 cucchiai di cacao amaro
- 2 cucchiai di cocco grattugiato
- 2 cucchiai di amido di mais
- 2 cucchiaini scarsi di agar agar
- 2 cucchiai di succo d'agave

Per il «latte» di canapa:
- 100 g di semi di canapa sativa (si acquistano nei negozi di alimenti naturali e nei consorzi agrari)
- 1 l di acqua

Nutraceutici

Polifenoli

Canapini ciocco-cocco

Budini fatti con latte di canapa? Felicia, sei formidabile! Devo ammettere che non li ho mai preparati, così come le tante ricette che i lettori mi hanno mandato sul blog. È questo che rende il mio libro ancora più ricco e prezioso: le vostre ricette!

Scrive Felicia: «È passato tantissimo tempo dall'ultima volta che ho ideato un piccolo budino. Li confeziono spesso quando ho ospiti, sono perfetti: piccoli, golosi. Volevo offrire un dolcetto originale... Ho mixato tre ingredienti di carattere per creare dei piccoli, delicati e gustosissimi canapini».

Budini di latte di canapa al cacao e cocco

«Come prima operazione è necessario produrre il 'latte' di canapa; consiglio di farlo il giorno precedente e di lasciarlo riposare in frigorifero almeno una notte. Il rapporto acqua/semi di canapa è di 1 litro di acqua per 100 g di semi di canapa sativa. Anche se per questa preparazione serve solo 1/2 litro di 'latte', ho preferito produrne 1 litro. La rimanenza l'ho utilizzata per una veg-besciamella utilizzata su verdure gratinate: squisita.
Frullate finemente i semi di canapa con 200 ml di acqua, unite i restanti 800 ml e fate bollire a fuoco lento per 20 minuti. Filtrate bene attraverso un canovaccio. Fate riposare il latte di canapa in frigorifero per una notte prima di utilizzarlo. Se dovesse risultare troppo concentrato, diluitelo con poca acqua.
Per i budini: in un tegame antiaderente riunite il cacao amaro, il cocco, l'amido di mais, l'agar agar e il succo d'agave; amalgamate accuratamente gli ingredienti. Aggiungete, sempre mescolando, il latte di canapa. Cuocete a fuoco basso per circa 15-20 minuti, mescolando continuamente per evitare la formazione di grumi. Fate intiepidire e versate negli stampini desiderati. Consiglio di spolverizzare il fondo degli stampini con poco zucchero di canna. Si scioglierà trasformandosi in un delizioso sciroppo e sarà più semplice sformare il budino.
Fate riposare in frigorifero qualche ora; personalmente preferisco confezionarli il giorno precedente.
Prima di servirli, lasciateli a temperatura ambiente per almeno 30 minuti.
Spolverizzate la superficie con poco cacao amaro e terminate con il cocco rapé.

Buonissimi... da rifare: alla prossima occasione stupirò gli ospiti offrendo una piccola golosità!»

22

gennaio

In linea, ma non solo

Durante l'estate 2012 è andato in onda un nuovo programma targato Magnolia per FoxLife: *In linea con Marco Bianchi*, pochi minuti di salute, vere pillole e chicche riguardanti alimenti belli, buoni e sani da utilizzare in cucina, nel fitness e per la cura del corpo. Ho deciso di riproporne qualche ricetta perché sono tutte idee sviluppate in questo anno di cucina, provate a casa, e riproposte per voi in televisione!

Carpaccio di finocchi e ananas

Per prima cosa preparate l'emulsione di succo di pompelmo e olio. Miscelate i due liquidi con un frullatore a immersione o energicamente con una forchetta. Pepate. Affettate finemente finocchi e ananas. Impiattate alternando i due protagonisti e condite con l'emulsione. Guarnite con foglie di basilico fresco.

Ingredienti per 4 persone

- 2 finocchi
- 1 ananas
- 1 manciata di foglie di basilico fresco
- 100 ml di succo di pompelmo
- 4 cucchiai di olio extravergine di oliva
- pepe nero

Nutraceutici

Carotenoidi
Polifenoli
Potassio
Vitamina C

24

gennaio

Ingredienti

- 200 g di fecola di patate
- 200 g di frumina (amido di frumento)
- 200 g di farina di mais fioretto
- 200 g di nocciole
- 60 g di zucchero mascobado
- 140 g di olio di girasole o mais
- qualche cucchiaio di acqua tiepida
- crema di cacao di Cioccolato Italiano q.b.

Nutraceutici

Carotenoidi
Fibra
Polifenoli
Potassio
Vitamina E

Baci di Marco

Questi biscotti sono speciali, non solo perché buonissimi e sani, ma perché la ricetta base viene dal Maestro della Cucina naturale, sana e vegetariana, il grande Pietro Leemann del ristorante Joia di Milano. Avete letto il suo libro *Diario di un cuoco*? Leggetelo e non rimarrete delusi!

Come prima cosa armatevi di bilancia e robot tritatutto da cucina e, se possedete anche una planetaria per impastare, sarà la benvenuta.

Tritate le nocciole con lo zucchero integrale finché la lama avrà difficoltà a girare, ovvero fin quando gli olii iniziano a essere rilasciati dalle profumatissime nocciole. Il trito ottenuto ha un profumo irresistibile, vero?

Non mangiatelo adesso, vi servirà tutto e le dosi sono importantissime.

Pesate adesso i restanti ingredienti e riunite tutto in una ciotola o nella planetaria. Pronti? Lavorate per bene fino a ottenere un impasto liscio e compatto non troppo appiccicoso; se lo fosse, aggiungete poca fecola di patate o amido di frumento. Fate riposare l'impasto in frigorifero per un'ora e ricordatevi che potrete anche congelarlo per scongelarlo al momento dell'uso, cioè quando vorrete preparare questi biscotti squisiti. Accendete il forno impostando funzione statica e 150°.

Ricavate dall'impasto delle palline di circa 3 centimetri di diametro o poco meno e quindi schiacciatele con una leggerissima pressione delle dita. Se siete abili in cucina e avete stampi da biscotto tondi, allora sfruttateli.

Disponete i mezzi baci su una teglia rivestita con carta forno e cuoceteli per circa 12 minuti a 150-160°. Devono rapprendersi ma non colorirsi né tantomeno bruciare. All'inizio saranno molto friabili, ma una volta freddi non vi deluderanno. Ponete un pochino di Cioccolato Italiano o altra sana crema di nocciole e cacao al centro di un biscotto e richiudete con un secondo. Ecco a voi il bacio di Marco. Ovviamente sono buonissimi anche senza ripieno, ma questa è la loro apoteosi.

Si conservano per almeno una settimana, chiusi in un barattolo ermetico.

P.S.: Potrete aromatizzare l'impasto con scorza di arancia, o con zenzero e semi di papavero, o ancora con gocce di cioccolato fondente e peperoncino; invece della crema di nocciole, farcirli di marmellata di albicocche o utilizzare l'impasto per creare delle crostatine di frutta fresca e crema di soia alla vaniglia (come quelle che ho preparato insieme a Filo e Sofia, i miei nipotini più grandi!).

Ecco i miei «baci» in versione «crostatina alla frutta» (preparati con Filo e Sofia) o nella versione «no cioccolato», come quelli preparati per gli amici di Pro Libro Service.

Nutraceutici

Calcio
Fibra
Polifenoli

Ingredienti

- 250 g di fiocchi d'avena
- 150 g di malto di riso
- 3 cucchiai di ghee (burro chiarificato)
- 1/2 bicchiere di latte di soia
- 2 cucchiai di farina di riso
- 1 bustina di cremor tartaro
- 100 g di gocce o pezzetti cioccolato fondente puro

Sempre in tema di dolcetti...

Dopo i Baci di Marco, ecco quelli di Marian, una delle fan dei *Magnifici 20*... grazie mille! Anche con 3 cucchiai di olio di mais al posto del ghee il successo è assicurato...

Dolcetti all'avena

Mescolate insieme avena e malto di riso, poi tutti gli ingredienti fino a creare una massa compatta; ricavate tante piccole palline e infornatele a 180° per 10-15 minuti.

27 gennaio

Nutraceutici

Calcio
Ferro
Fibra
Fosforo
Magnesio
Manganese
Potassio
Vitamine gruppo B
Zinco

Ingredienti

- 300 g di farina 0
- 150 g di miglio
- 1 panetto di lievito fresco
- 4 cucchiai di olio aromatizzato (500 ml di olio extravergine di oliva+5 foglie di salvia+2 rametti di timo+2 spicchi di aglio)
- 1 cucchiaino di sale
- 1 cucchiaino di zucchero

Pane di miglio con salvia

Primo: vi state preparando un olio aromatico da urlo e che potrete utilizzare nelle prossime settimane durante le preparazioni più svariate. Secondo: un pane così non l'avete mai provato, è molto buono anche congelato e poi scongelato al momento del bisogno... ovviamente, via libera alla fantasia per gusti e colori!

Preparate con largo anticipo (almeno una settimana) l'olio profumato alle erbe: in 500 ml di olio extravergine di oliva mettete 5 foglie di salvia, 2 rametti di timo fresco e 2 spicchi di aglio intero sbucciato.

Trascorsa la settimana potete procedere come segue: lessate il miglio in un pentolino con 300 ml di acqua (il doppio del suo peso!). Impastate il lievito con la farina, lo zucchero e lasciate lievitare per 30 minuti circa. Aggiungete all'impasto il miglio lessato e raffreddato, il cucchiaino di sale fino, 4 cucchiai di olio aromatizzato e impastate per bene e con energia. Versate l'impasto ottenuto in uno stampo da plumcake, preferibilmente in silicone. Infornate a 250° per 10-12 minuti, poi abbassate il termostato a 210-220° per i restanti 30 minuti. Servitelo a fette...

28
gennaio

Fantasiosa, sana e bellissima... da libro!

Carissimo Giovanni, ho avuto l'onore di postare sul mio blog questa tua ricetta davvero fantasiosa, oltre che sana e bellissima da vedere... E complimenti sinceri per la foto che mi hai inviato e per il tuo blog!

Gulasch di verdure

Mettete la soia ad ammorbidirsi in una ciotola con acqua tiepida. Affettate e tagliate tutte le verdure. Nel wok o in una larga padella antiaderente scaldate un cucchiaio di olio e buttatevi la cipolla, la carota e il sedano. Unite il resto delle verdure e il concentrato di pomodoro e coprite con acqua calda.
A circa metà cottura, aggiungete lo spezzatino di soia e la paprika e lasciate cuocere fino a quando le verdure diventano morbide.

Ingredienti per 2 persone

- 2 cipolle (meglio se fresche)
- 2 zucchine
- 1 melanzana
- 1 grossa patata o 2 piccole
- 4-5 pomodori
- 1 gambo di sedano
- 1 carota
- 1 cucchiaio di paprika
- 2 tazze di spezzatino di soia
- sale
- olio extravergine di oliva
- un paio di centimetri di concentrato di pomodoro

Nutraceutici

Antociani
Ferro
Fibra
Fosforo
Licopene
Polifenoli
Potassio

febbraio

04 febbraio

Nutraceutici

Fosforo
Potassio
Vitamine

Ingredienti per 4 persone

- 150 g di funghi chiodini
- 4 patate
- 60 g di funghi shiitake
- 4 cucchiai di olio extravergine di oliva
- pepe nero
- salsa di soia
- 4 spicchi di aglio
- prezzemolo

Un goloso piatto unico

Bello da vedere, ottimo da mangiare e sano per un corretto funzionamento del nostro organismo. La ricetta è veramente buona, io la considero un goloso piatto unico, ma potrete accompagnarla a qualche verdurina o salsina allo yogurt...

Cartocci di shiitake e patate

Preriscaldate il forno a 220° e ritagliate della carta da forno in 4 quadrati da 35 centimetri di lato.
Lavate i funghi chiodini e le patate con la buccia sotto l'acqua corrente e mettete i funghi shiitake secchi in ammollo per 20 minuti in acqua calda. Tagliate le patate a spicchi e riunitele in una grossa ciotola con i funghi shiitake strizzati, i funghi chiodini, olio, pepe nero e salsa di soia. Mescolate per bene.
Bagnate sotto l'acqua i fogli di carta forno e strizzateli. Disponete al centro di ognuno una porzione di quanto avete preparato e condito, aggiungete 1 spicchio di aglio e il prezzemolo (tanto!). Arrotolate la carta da forno formando dei fagottini che chiuderete con uno spago. Infornateli e fateli cuocere per 30 minuti circa. Serviteli ben caldi...

05 febbraio

Nutraceutici

Calcio
Folati
Potassio

Ingredienti per 4 persone

- 300 g di orzo
- 1/2 radice di daikon
- 2 carote
- 1 o 2 cipolle rosse
- 3 cucchiai di concentrato di pomodoro
- olio extravergine di oliva

Orzo e daikon? Si può!

Il daikon è una radice appartenente alla stessa famiglia del ravanello, ricchissima di vitamina C se mangiata a crudo (in insalata ad esempio) e capace di abbassare il colesterolo e sciogliere i depositi di grasso, grazie ai tanti enzimi e molecole funzionali che contiene. Ha un sapore molto particolare e leggermente piccante.

Zuppa di orzo al daikon

Tagliate le carote a rondelle, il daikon a cubetti e le cipolle rosse a fettine sottili. Mettete tutto in una casseruola insieme all'orzo, aggiungete il concentrato di pomodoro e fate bollire in 1 litro e mezzo di acqua per 40-50 minuti. Le verdure dovranno restare abbastanza croccanti. Condite con olio solo all'ultimo momento!

09

febbraio

Gnocchetti di sole

Amo i ceci... Li cucino in tutte le salse e una crema di peperoni la preparo da spalmare sui crostini come antipasto, ma mai l'ho usata per condire un primo piatto. Questa tua ricetta non l'avevo mai provata, e quindi grazie mille Federica!

Gnocchetti di ceci alla crema di peperone

«Ho voluto sperimentare questa ricetta, che ho chiamato 'Gnocchetti di sole' per la tonalità squisitamente arancione del condimento: è buonissima ed è stata molto gradita ai palati degli assaggiatori, quindi... provo a proporla, sperando di deliziare altri amanti come me delle virtù dei ceci e del tanto acclamato grano saraceno.
Scolate i ceci e passateli al mixer fino a ridurli in una crema finissima, che andrete a impastare con la farina di grano saraceno, il latte e il sale, finché non sarà abbastanza compatta da non sbriciolarsi-sfaldarsi. Formate con le dita i classici lunghi cilindretti, del diametro di circa 1-1,5 centimetri, che andrete poi a tagliare in piccoli gnocchetti. Lasciateli riposare in un vassoio spolverizzandoli leggermente con un po' di farina di grano saraceno.
Nel mentre, lessate le carote tagliate a tocchetti, scottate in acqua bollente i peperoni per 15 minuti, spellateli, liberateli dei semi e frullate finemente entrambe le verdure, dando origine a una sorta di crema, che aggiusterete di sale e porrete in una pentola o in una padella capiente.
Lessato in acqua bollente e salata gli gnocchetti, non appena vengono a galla (dopo pochissimo) scolateli e con molta attenzione (tendono a sfaldarsi) lasciateli cadere nella crema di peperoni e carote. Passate il tutto per pochissimi minuti su fuoco vivo, aggiungendo un po' di acqua calda solo se risulta troppo poco cremoso.
Servite accompagnando con un filo di olio extravergine di oliva e, a piacere, grana padano grattugiato (io ne ho messo tantissimo) e peperoncino frantumato».

Ingredienti per 3/4 persone

Per gli gnocchetti:
- 2 scatolette di ceci lessati o uguale quantità di ceci freschi lessati
- farina integrale di grano saraceno bio q.b.
- sale
- pochissimo latte di soia (50 ml circa)

Per la crema arancione:
- 1 peperone rosso
- 1 peperone giallo
- 500 g di carote
- olio extravergine di oliva
- sale
- grana padano grattugiato a piacere
- peperoncino frantumato a piacere

Nutraceutici

Fibre
Fosforo
Potassio
Proteine

12

febbraio

Cantucci della salute

Cantucci versione salutare? È possibile e l'idea di questo impasto è di una fan di *Tesoro, salviamo i ragazzi!*, la cara Serena Ottaviani. Questa sua ricetta non poteva mancare nel manuale di *Tesoro*, ovviamente neanche nel mio blog e neppure qui!

Accendete il forno a 160°. Impastate gli ingredienti e, lavorandoli con le mani, formate dei salamini del diametro di 3 centimetri circa; adagiateli su una teglia foderata con carta da forno, ben distanziati tra loro. Cuoceteli fino a quando non si saranno dorati.
Sfornateli e, facendo attenzione a non scottarvi, con un coltello seghettato tagliate a fettine i salamini ancora caldi. Serviteli freddi, quando si saranno ben induriti.

Ingredienti

- 200 g di mandorle
- 50 g di noci o nocciole
- 100 g di uvetta
- 250 g di farina 0
- 150 g di farina integrale
- 100 g di farina di riso
- 150 g di zucchero di canna (più o meno, a piacere)
- 50 ml di latte di soia
- 50 g di olio di mais
- 1/2 bustina di lievito per dolci

Nutraceutici

Calcio
Ferro
Fibra
Fosforo
Omega 3

13

febbraio

Crocchette di lenticchie

Queste «croccole» sono una valida alternativa alle classiche crocchette di patate, con molto ferro e tante proteine... Potete accompagnarle con una maionese vegana o una salsina di yogurt ed erba cipollina.

Lessate le lenticchie in poca acqua (potete usare anche quelle lessate, in scatola), aggiungete il sedano tritato e lo spicchio d'aglio. Scolate e trasferite il tutto in una casseruola con l'olio, cuocendo per circa 15 minuti. Frullate e aggiungete 2 cucchiai di pane grattugiato e il sale. Ottenuto un impasto morbido e abbastanza consistente, lasciatelo raffreddare in frigorifero per un paio d'ore.
Trascorso questo tempo, formate delle polpettine che schiaccerete con le mani: ecco le vostre croccole. Passatele nel pane grattugiato mescolato con la paprika e infornatele per circa 30 minuti a 220° su una placca da forno rivestita. Servitele quando saranno intiepidite.

Ingredienti per 4 persone

- 250 g di lenticchie
- 1 gambo di sedano
- 1 spicchio di aglio
- 8 cucchiai di pane grattugiato (2 per l'impasto e 6 per la panatura)
- paprika
- sale
- 4 cucchiai di olio extravergine di oliva

Nutraceutici

Ferro
Fibre
Potassio

16

febbraio

Ingredienti per 4 persone

- 3 finocchi
- 5 cucchiai di olio extravergine di oliva
- 1 limone
- 1 cucchiaio di zucchero integrale di canna
- 1 pizzico di sale
- 1 cucchiaio di semi di finocchio

Nutraceutici

Fibre
Potassio
Sodio

Finocchi caramellati

Da piccolo odiavo terribilmente questo ortaggio, soprattutto lessato! Sarà stato per la tisana al finocchietto che ho sempre detestato o perché erano tanto spesso presenti in tavola, vista la passione di mamma nel cucinarli. In questa dolce versione vi piaceranno? Spero di sì... Io personalmente li adoro... A voi!

Tagliate i finocchi a spicchi, cercando di non fare troppo scarto, quindi sbollentateli in acqua calda per circa 10 minuti. Trascorso questo tempo scolateli e adagiateli su una teglia leggermente oliata.
Infornateli a 200° cosparsi di un'emulsione preparata frullando un cucchiaio di zucchero integrale di canna con 4 cucchiai di olio e un pizzico di sale, la scorza del limone e i semi di finocchio. Lasciate in forno per 30 minuti, fino cioè a doratura. Buon dolcesalato appetito!

24

febbraio

Ingredienti

- 50 g di pasta madre
- 450 g di farina 00
- 200 g di acqua
- 3 cucchiai di malto d'orzo
- 100 g di olio di semi di girasole
- 2 cucchiaini di cannella in polvere
- marmellata di lamponi
- Nutella dei *Magnifici 20*

Nutraceutici

Calcio
Polifenoli
Potassio
Vitamina E

Tante ore di lievitazione ma una grande (immensa) soddisfazione a prepararle!
Cosa? Le tanto famigerate briochine per la colazione! Gli ingredienti? Magnifici ovviamente: leggere, fare la spesa e cucinare per credere! Mille grazie, cara Stefania... Se non usate la pasta madre (e non avete un panettiere di fiducia da cui procurarvela), potete realizzare questa ricetta usando tranquillamente il lievito di birra.

Saccottini dolci

«Potevano mai mancare le briochine per la colazione?
Questo impasto ha molte ore di lievitazione ma vi assicuro che il risultato è strepitoso! Per fare queste brioche ho unito varie ricettine viste sul web adattandole alle nostre esigenze, da provare!
Ho impastato tutti gli ingredienti nell'impastatrice per circa 10 minuti la sera dopo cena e l'ho lasciato riposare fino alla sera successiva... È lievitato tantissimo e aveva un profumo strepitoso!
Ho tirato una sfoglia di circa 3 centimetri, da cui ho ricavato dei quadrati. Al centro di alcuni quadrati ho messo un cucchiaio di Nutella dei *Magnifici 20* e al centro di altri la marmellata di lamponi (abbiate cura di metterle bene al centro, altrimenti rischiate che in cottura fuoriescano). Ho poi ripiegato i quadrati su se stessi per due volte, formando delle specie di saccottini, e messo in forno spento a lievitare per una notte intera. La mattina ho acceso il forno a 180° per una ventina di minuti e... la colazione è servita!»

E visto che se ne parla qui, ecco la ricetta della Nutella dei *Magnifici 20*: nel mixer polverizzate 140 g di zucchero integrale fino a renderlo impalpabile; aggiungete 100 g di nocciole spellate e fate ripartire il mixer. Dopo circa 5 minuti le nocciole e lo zucchero avranno formato una vera crema dal profumo irresistibile. Unite 300 g di cioccolato fondente al 70%, 150 ml di latte scremato e frullate ancora per una manciata di secondi. Trasferite la crema in una ciotola d'acciaio a bagnomaria e, sempre mescolando, lasciatela cuocere per 20 minuti. Togliete dal fuoco e trasferite in un vaso di vetro; fate freddare prima di chiudere con il coperchio. Anche se calorica, è ricca di polifenoli, calcio, fosforo e vitamina A.

25

febbraio

Lasagne «senza»

Desirée scrive al blog dei *Magnifici 20*:
«Ecco un'altra delle mie ricette 'SENZA' (ne ho una sfilzaaaaa)… in questo caso senza pasta, grassi animali, cottura, colesterolo! Sana (un vero pieno di vitamine), colorata, appagante, saziante e con pochissime calorie! Adatta quindi a chi è a dieta e non vuole lasciarsi andare alla monotonia di una semplice insalatina…»
Desirée, sono senza parole! Ottima proposta, altro che magnifica: divina! Solo il sugo con pezzetti di zucca merita voto 10… Non devo scrivere altro, perché la tua introduzione è già completa di ogni info utile per non poter dire di no a questa lasagna «senza»… un bacione e grazie!

Lasagne vegetariane

«Tagliate la zucchina a fettine sottili con la mandolina, i pomodori a fettine, idem per i funghi e sbriciolate con la forchetta il tofu. Preparate una emulsione di olio, salsa di soia, sciroppo di agave, succo di limone e componete un primo strato con le zucchine stese una fettina a fianco all'altra (3 o 4). Aggiungete un pizzico di sale. Adagiatevi sopra delle fettine di pomodoro, aromi, peperoncino; fate un altro strato con i funghi e un altro strato di tofu sbriciolato. Ora irrorate con metà dell'emulsione e ripetete la trafila: zucchine, pomodoro, funghi, tofu ed emulsione; di nuovo fettine di zucchina, e infine il sugo che preferite! Io per il sugo ho usato un pezzo di zucca cruda, 1 carota, 1 manciata di piselli surgelati, olio d'oliva, sale integrale, 1 pizzico di noce moscata. Ho triturato il tutto (tranne i piselli) nel robot; ma potete anche frullare pomodori maturi con 1 bel dattero medjoul (o 1 cucchiaio da tè di sciroppo di agave), un pizzico di sale, aromi (anche aglio e/o cipolla se vi va…) e poi unirli a olive/capperi/piselli… sbizzarritevi!
Potete consumare questa lasagna di lì a poco… ma il giorno dopo è ancora più buona!!!! Conservare in frigo. Buon appetito!»

Ingredienti per 1 persona

- 1 zucchina
- 2 pomodori medi, rossi e maturi
- funghi champignon
- succo fresco di limone
- aromi (basilico e menta tritati oppure origano)
- 2-3 cucchiai di olio extravergine di oliva spremuto a freddo
- sale integrale
- pepe o peperoncino
- 1 cucchiaio di salsa di soia
- 1 cucchiaino di sciroppo di agave
- tofu (anche aromatizzato al basilico o alle olive)

Nutraceutici

Fibre
Potassio
Sodio

27

febbraio

Per 5 muffin

- 150 g di farina integrale di grano tenero
- 30 g di cacao amaro
- 1/2 bustina di cremor tartaro
- 3 cucchiai di frutta secca tritata (nocciole, mandorle, ecc.)
- 50 ml di malto d'orzo
- 150 ml di succo di mela
- 50 ml di olio di semi di girasole spremuto a freddo
- Fiocchi d'avena per guarnire

Nutraceutici

Fibre
Grassi insaturi
Polifenoli

Caro Luigi, quando hai spedito questa ricetta al mio blog l'hai descritta così: «Questi muffin non contengono burro, latte, uova o zucchero e sono comunque buonissimi». La tua introduzione dice già tutto... Non mi resta che invitare i lettori a provarla al più presto... muffin strepitosi! Buonissimi...

Muffin integrali al cacao

Unite alla farina integrale il cremor tartaro, il cacao e la frutta secca tritata. A parte miscelate bene gli ingredienti liquidi e uniteli alla farina. Amalgamate il tutto con una frusta fino a ottenere un composto denso e omogeneo. Ungete gli stampini e riempiteli fino a 3/4. Decorate in superficie con dei fiocchi d'avena sminuzzati. Infornate per 30 minuti a 170°.
A piacere si possono aggiungere aromi all'impasto (vaniglia, scaglie di cocco, scorza di limone, ecc.).

Cupcakes integrali magnifici
della cara Taty futura supermamma...

28

febbraio

Anche nel caso di Sergio, non c'è bisogno che io scriva nulla. Come si fa a resistere a una ricetta che inizia così: «Avvertenza: prima di leggere questa ricetta volevo comunicarvi che questo piatto, per la sua straordinaria semplicità e bontà, può creare dipendenza»?

Vermicelli di Gragnano con alici fresche e zeste di limone

«Avvertenza: prima che leggiate questa ricetta volevo comunicarvi che questo piatto, per la sua straordinaria semplicità e bontà, può creare dipendenza. Raramente rimango estasiato da una preparazione, ma questa volta è stato amore a prima vista. È di una semplicità disarmante, quindi di una difficoltà estrema. Ovviamente, e non finirò mai di dirlo, la materia prima è indispensabile. Se avete la possibilità e abitate in zona, usate le alici di Cetara o di 'menaica' (un tipo di pesca che viene effettuata nel Cilento e che, grazie al tipo di rete a maglie larghe, non provoca il sanguinamento del pesce che rimane intatto e con tutte le sue caratteristiche organolettiche) e i limoni biologici.

Versate nella padella il fumetto di pesce, portate a ebollizione e adagiatevi i vermicelli. La cottura questa volta la si esegue completamente con la risottatura, in modo tale da creare una pasta profumata e saporita. Nel caso in cui si cominciasse a seccare troppo, aggiungete uno o due mestoli d'acqua calda e continuate fino a completa cottura. Quando i vermicelli sono quasi al dente, aggiungete le alici tagliate a pezzetti e fatele cuocere per qualche secondo. Impiattate e spolverizzate con prezzemolo fresco, scorza di limone grattugiata e un filo d'olio. Meraviglioso!»

Ingredienti per 4 persone

- 320 g di vermicelli di Gragnano
- 500 g di alici fresche
- 1 limone non trattato
- olio extravergine di oliva
- 4 mestoli di fumetto di pesce
- prezzemolo fresco
- sale q.b.

Nutraceutici

Calcio
Ferro
Fosforo
Grassi insaturi
Omega 3
Polifenoli
Potassio
Selenio

marzo

04

marzo

Ingredienti

- 500 g di farina integrale
- 300 g di erbette già lavate
- 200 g di tofu al naturale
- sale
- pepe
- 2 manciate di pinoli
- 1 spicchio di aglio
- noce moscata
- olio extravergine di oliva

Per la salsa di noci:
- 500 ml di latte di soia non zuccherato
- 2 o 3 manciate di pane integrale grattugiato
- 1 spicchio di aglio
- 2 manciate di noci
- olio extravergine di oliva
- sale
- pepe

Nutraceutici

Acidi grassi insaturi
Calcio
Fibre
Fitoestrogeni
Fosforo
Potassio
Selenio

Fatti a mano

La prima volta che li ho preparati in casa è stata una vera emozione. Un risultato davvero notevole, sembravano appena usciti dal pastificio.
Di cosa sto parlando? Dei ravioli integrali con ripieno di tofu, erbette e noce moscata. Se proprio non tollerate il tofu è concessa la ricotta... Il condimento? Salsa di noci preparata con latte di soia... una rivisitazione della salsa di noci di Danilo (Pastificio Olga a Lavagna) presente nelle *Ricette dei Magnifici 20*. Sono convinto che tutti gli amici vegan o intolleranti ai latticini ameranno questa ricetta.
Nelle foto, il trionfo di ravioli ottenuti e, alla pagina accanto, un dettaglio del raviolo... carino servito accompagnato con il suo stesso ripieno, vero?
Rispetto al solito, qui oggi c'è da lavorare: se quindi non avete tempo, non cimentatevi, ci vuole pazienza e un'ora buona tra tutto.

Ravioli integrali

Per primissima cosa preparate il ripieno. Sbollentate le erbette in pochissima acqua non salata. Scolatele per bene e conservate l'acqua arricchita di sali minerali, perché servirà per l'impasto.
Aggiungete alla farina un paio di pizzichi di sale, 2 cucchiai di olio e, poca per volta, l'acqua tiepida in cui avete lessato le erbette. L'impasto dovrà risultare morbido e non appiccicoso. Per circa 1/2 kg di farina integrale ci vorranno circa 150 ml di acqua tiepida, ma attenzione, ogni farina fa storia a sé!
Riponete l'impasto in frigorifero per 15 minuti e nel frattempo ultimate il ripieno. Frullate il tofu insieme alle erbette sgocciolate, aggiungete lo spicchio d'aglio, 2 cucchiai di olio, i pinoli e la noce moscata, il sale e il pepe. Ecco il nostro ripieno. Aggiustate di sale assaggiandolo e giudicando con razionalità!
Per la salsa, frullate il latte di soia con le noci e il pane grattugiato, il sale, il pepe e l'olio. Io consiglio anche 1/2 spicchio di aglio, ma scegliete voi... E ora riprendete la pasta dei ravioli e con il mattarello stendetela sul piano di lavoro allo spessore di 1/2 centimetro, dandole la forma di un rettangolo largo 10 centimetri circa e lungo in base a quanto ve lo concede il vostro piano di lavoro.
Con un cucchiaino prelevate il ripieno di tofu ed erbette e distribuitelo sulla sfoglia in piccoli mucchietti, distanziati tra loro

di circa 3 centimetri e a circa 5 centimetri dal bordo della sfoglia. Ripiegatevi sopra la pasta come quando date la piega alle lenzuola del vostro letto la mattina, facendo combaciare le due estremità. Con le dita sigillate anche ogni mucchietto lateralmente. Ci siamo: il gioco è fatto.
Tagliate i ravioli con un tagliapasta e disponeteli su un vassoio leggermente infarinato. Quando tutti saranno pronti potrete cuocerli in acqua bollente e salata fino a quando verranno a galla.
Recuperateli con una schiumarola e conditeli con la salsa di noci.
Potreste anche passarli al forno se volete seccarli un poco...

06

marzo

Una ricettina di ispirazione giapponese...

Adoro il Giappone anche solo per come me l'ha descritto il mio amicone Renato, prima o poi ci voglio andare... Veru, preparati, perché ricomincerò a stressarti!
Se aggiungete a questa straordinaria preparazione del brodo vegetale – fatto in casa con la classica ricetta: acqua, carote, sedano, prezzemolo, cipolla – e della quinoa, vi ritroverete una zuppa da 10 e lode!

Broccolini in insalata con sesamo dolce

Per questa ricetta dovete iniziare dalla salsa.
Riunite in una ciotola la crema tahin, l'acqua, lo spicchio di aglio schiacciato, la salsa di soia, il miele, l'aceto di mele e un pizzico di sale. Mescolate energicamente e assaggiate se manca di qualcosa... Il sapore è davvero speciale!
Passate adesso al resto del piatto suddividendo i broccoli in piccole parti... Dovete sgranare per bene ogni testa di broccolo, staccare ogni infiorescenza e cuocere in acqua bollente per 5 minuti e non di più, perché dovranno soltanto esser sbollentati e quindi croccanti.
Fateli saltare in padella con l'olio, spolverate con una generosa manciata di sesamo e servite. Ancora caldi versateci sopra la salsina e godetene in santa pace...

Ingredienti

- 3 broccoli
- 3 cucchiai di olio di sesamo (oppure olio extravergine di oliva)
- semi di sesamo

Per la salsa:
- 2 cucchiai di crema tahin
- 2 cucchiai di acqua
- 1 spicchio di aglio
- ½ cucchiaio di salsa di soia
- ½ cucchiaio di miele
- 1 cucchiaino di aceto di mele
- 1 pizzico di sale

Nutraceutici

Calcio
Fibre
Fitoestrogeni
Proteine

La versione salutare di una torta superclassica

Una torta così buona e sana non l'avete mai preparata. O forse sì, se pensiamo alla famigerata cioccopere! Da provare anche con farcitura di marmellata di arancia e mandarino o, perché no, di limone, vi assicuro che sarà veramente strabuona...

Torta paradiso

Sciogliete lo zucchero integrale in 150 ml di latte di mandorla insieme all'olio. Unite le farine, il restante latte, la scorza di limone, la curcuma e il lievito. Versate nella tortiera e infornate a 180° per 40 minuti circa. Mi raccomando, il forno dev'essere già ben caldo, e controllatela durante la cottura...
Servite tiepida o fredda, semplice o farcita.

Ingredienti

- 80 g di farina integrale
- 80 g di frumina
- 200 g di farina 0
- 80 g di zucchero integrale di canna
- 1 cucchiaino di curcuma
- 500 ml di latte di mandorla o di soia
- 60 g di olio di girasole
- 2 bustine di lievito vanigliato
- scorza grattugiata di 2 limoni

Nutraceutici

Calcio
Fibra
Fosforo

11

marzo

Ingredienti

- 1 tazza di riso orientale
- 2 tazze di acqua
- 2 cucchiaioni di aceto di riso
- 1 cucchiaione di zucchero di canna
- 1 cucchiaino di sale
- 4 grandi foglie di verza
- 2 carote lessate viola e/o nere e/o arancioni
- 1 avocado
- salsa wasabi (o rafano)
- 1 cucchiaione di semi di sesamo tostati
- 4 cucchiai di salsa di soia

Nutraceutici

Antocianine
Carotenoidi
Acidi grassi insaturi
Indoli

Una variante del mio sushi

Forse alcuni di voi ricordano il sushi vegetariano dei *Magnifici 20*. Lo ripropongo spesso a casa e nelle serate con amici; addirittura l'ho portato come finger food a una cena di Capodanno. Quello delle fotografie l'ho servito durante una cenetta per due in giardino.
Ecco una nuova versione, adatta anche a coloro che non riescono a trovare l'alga nori... La verza la troverete di sicuro!

Sushi vegetariano con verza

Fate cuocere il riso «alla orientale», ovvero portate a bollore 2 tazze di acqua, aggiungete 1 tazza di riso (il rapporto deve essere il doppio di acqua rispetto al riso) e quindi il sale e lo zucchero. Cuocete con il coperchio per circa 12 minuti, mescolando di tanto in tanto. Aggiungete l'aceto di riso e spegnete la fiamma; lasciate riposare per circa 20-30 minuti, in modo che il vapore gonfi completamente i chicchi di riso. Fate raffreddare. Sbollentate le foglie di verza in acqua salata fino a quando si ammorbidiscono; ci vorranno circa 3 minuti. Lasciatele sgocciolare bene e asciugatele con un canovaccio, quindi disponete su ciascuna 3 cucchiaioni di riso, aggiungete al centro le carote lessate, pezzetti di avocado e salsa wasabi leggermente diluita in acqua calda (ne basta un cucchiaione). Arrotolate con estrema pazienza, passate nei semi di sesamo e tagliate in cilindretti. Squisiti e colorati.

Avocado avanzato?
Dall'avanzo del mio sushi veg, eccomi con in mano 3/4 di avocado.
Frullatelo con 2 cucchiai di yogurt greco, uno spicchio di aglio e 1/2 cipolla bianca, un cucchiaio di aceto di mele e due pizzichi di pepe nero: ecco una gustosa salsa all'avocado per condire insalate o per farcire tramezzini... semplice, ma sfiziosa e ricca di sapore!

Questa è la classica versione con l'alga nori...

Adoro il profumo della camomilla!

Il mandarino di Vero & Paolo, in fiore!

12
marzo

Ingredienti

- 1 scatola di fagioli cannellini lessati
- farina integrale q.b.
- sale
- olio extravergine di oliva
- timo e maggiorana q.b.

Nutraceutici

Fibre
Potassio

Idea strepitosa, da provare subito! Veru adora gli gnocchi (solitamente alle erbette o alla zucca) e questa ricetta non deve mancare nei miei menù!
Grazie davvero a Fabiana, non vedo l'ora di provarla! Chissà come sono conditi con un filo di olio extravergine di oliva, un pochino di feta sbriciolata al momento e salvia a pezzetti...

Gnocchi di cannellini con olio aromatico

«Frullate una scatola di cannellini ben scolata (o, se preferite, un altro legume, magari secco, tenuto a bagno per una notte e cotto come indicato sulla confezione).
Unite alla purea di fagioli quanta farina (io ho usato quella integrale) basta per avere un impasto morbido e non appiccicoso. Suddividetelo in 3-4 pezzi, ricavatene dei rotolini e da questi tagliate gli gnocchi. Mettete a scaldare dell'acqua e quando bolle gettate gli gnocchi in pentola... Al loro ritorno a galla, scolate e condite con olio leggermente scaldato, insaporito con timo e maggiorana».

Paella vegetariana

16

marzo

Piace molto ai miei amici e quindi la propongo spesso alle cene di «ritrovo» a casa nostra, di quale piatto sto parlando? Ma della «mia» paella che preparo sostituendo al riso integrale il kamut in chicchi. Se poi voleste aggiungere delle proteine animali, scegliete quelle del pesce, optando per merluzzo, rana pescatrice, vongole e gamberi. Per questi ultimi le novità «molecolari» sono davvero interessanti: risultano essere ricchi di una sostanza conosciuta come astaxantina, antiossidante appartenente alla famiglia dei carotenoidi, ma particolarmente potente! Pensate che la sua azione è tre volte tanto quella del betacarotene presente in zucca e carote. Inoltre sono ricchi di sali minerali, quali sodio, potassio, calcio, fosforo, magnesio e selenio, che proprio recentemente si è osservato essere amico della vescica, riducendone drasticamente l'insorgenza di tumore.

Mondate tutte le verdure, tagliatele a pezzettini e mettetele da parte, bagnandole con il succo di limone.
In una casseruola versate il kamut e fatelo tostare con 1 cucchiaio di olio e le foglie di alloro intere. Ci vorranno pochi minuti. Aggiungete tutte le verdure e l'acqua necessaria per coprire il tutto. Lasciate cuocere a fiamma dolce e senza mescolare per 20-25 minuti, fino a che l'acqua non sarà completamente assorbita. Aggiungete solo in ultimo lo zafferano, il peperoncino e il pepe nero.
Potete scegliere di servire la paella anche fredda, a temperatura ambiente. Se optate per la versione «mare» allora fate saltare per 5 minuti in padella con 1 cucchiaio di olio e due d'acqua e, rigorosamente, una spolverata d'aglio secco in polvere, i tocchetti di merluzzo, tonno e gamberi, salando solo un poco. Aggiungete il pesce quando la cottura del riso con le verdure è ultimata.

Ingredienti

- 3 carciofi
- 1 cipolla rossa
- 150 g di fagioli bianchi di Spagna lessati
- 150 g di fagiolini (o, meglio ancora, taccole verdi o piattoni)
- 1 peperone rosso
- 1 carota
- 1 tazza di piselli
- 250 g di kamut
- 5 cucchiai di olio extravergina di oliva
- pepe nero
- 3 foglie di alloro
- 1 peperoncino secco
- 2 pizzichi di zafferano in polvere
- il succo di 1 limone

Nutraceutici

Ferro
Fibre
Fosforo
Magnesio
Polifenoli
Potassio
Selenio
Terpeni
Vitamina C
Vitamina E
Zinco

Ecco le mie amate piante aromatiche, il mio gelsomino in fiore!

19 marzo

Nutraceutici

Ferro
Potassio
Folati
Vitamina C

Ingredienti

- 500 g di pane di segale
- 1 cipolla
- 2 spicchi di aglio
- 6 piccoli cetrioli
- 2 peperoni verdi dolci
- 250 g di spinaci novelli
- 50 g di basilico
- 20 g di prezzemolo
- 150 ml di olio extravergine di oliva
- 50 g di yogurt magro greco
- 1 cucchiaino di zucchero integrale di canna
- pepe nero
- sale

Gazpacho verde

Ci sono milioni di ricette che ruotano attorno alla parola Gazpacho. Chiunque lo prepari sceglie di «esagerare» con un certo ingrediente, a seconda del proprio gusto individuale ma... avete mai pensato di realizzarlo tutto verde? È una vera alternativa, e squisitissimo...

Tostate il pane per prima cosa... Non abbrustolitelo troppo, semplicemente biscottatelo e basta!
Prendete adesso i cetrioli e pelateli, quindi riuniteli in un robot da cucina insieme a cipolla, spinaci novelli, basilico, prezzemolo, peperone verde, spicchio di aglio. Azionate il robot.
Dopo pochi minuti aggiungete lo yogurt, l'olio, il sale, lo zucchero e il pepe. Frullate nuovamente fino a ottenere una crema dallo splendido colore verde... Oltre che bella da vedere, sarà anche molto buona. Servitela con un filo di olio aggiunto al momento e ai crostini di pane biscottato.

20 marzo

Nutraceutici

Ferro
Potassio
Folati
Vitamina C

Ingredienti per 2 persone

- 100 g di riso basmati
- 2 cucchiaini di curry
- 1 cucchiaino di gomasio
- pangrattato integrale
- 1 cucchiaio di nocciole tritate
- 2 cucchiai di olio extravergine di oliva

Recuperato e buonissimo

«E quando ti dimentichi sul fuoco il riso basmati e diventa tutto un po' poltiglioso... ecco che arriva in 5 minuti la ricetta delle polpettine!»
Stefania Groppetti è un pozzo di idee e creatività... sana e gustosissima creatività! Tra le tante ricette, ha proposto queste polpettine al mio blog. Le voglio «testare» con il riso Venere!

Polpettine di riso basmati

Lessate e scolate il riso basmati e ripassatelo in padella con il curry, il gomasio e un pochino di acqua. Unite il pangrattato, date una bella mescolata e lasciate intiepidire. Nel frattempo mischiate 2 cucchiai di pangrattato con 1 cucchiaio di nocciole tritate. Con le mani formate delle polpettine di riso, passatele nella panatura e disponetele su carta da forno. Spruzzatele con un pochino di olio e infornate per 10 minuti a 200°. Ottime servite con un'insalata fresca.

Ci sono alcune ricette che si migliorano nel tempo aggiustandole d'ingredienti nuovi per dare nuovi sapori e colori. Altre restano invece come pensate perché già così «magnifiche» che non hanno bisogno di essere rivisitate... tra queste, il crostone di zucchine e pesto di rucola. Un vero «must» nella mia cucina.
Ecco dunque questa ricetta semplicissima. Il pesto di rucola, che ho già proposto nei *Magnifici 20*, presenta in verità qui una piccola variante.

Crostone di zucchine e pesto di rucola

Tagliate il pane che avete preparato (l'avete preparato voi, vero?) a fette alte più o meno 1 centimetro. Fatele abbrustolire leggermente in forno a 100° per 15 minuti al massimo.
Nel frattempo mettete nel bicchiere del mixer la rucola, i pinoli, le noci e 3 cucchiai d'acqua tiepida. Azionate il mixer alla massima velocità fino a che otterrete una crema. Non aggiungete olio, perché è già molto ricca di olii vegetali salutari (quelli contenuti nei pinoli e nelle noci) e sarebbe davvero inutile. Salate e pepate leggermente.
Mettete da parte il pesto di rucola a temperatura ambiente e passate ora alle zucchine. Tagliatele a fettine molto sottili e lasciatele cuocere su una piastra di ghisa.
Quando saranno pronte componete la bruschetta sfregando dapprima lo spicchio d'aglio sul pane, quindi disponendovi il pesto di rucola e la zucchina.
Davvero squisitissima, e ottima anche con del tonno sbriciolato sopra.

Ingredienti per 4 persone

- 100 g di rucola
- 1 manciata di pinoli
- 5 noci
- pane ai cereali e semi oleosi
- 3 zucchine
- 2 spicchi d'aglio
- sale
- pepe

Nutraceutici

Calcio
Carotenoidi
Potassio
Vitamina C

Tempo di asparagi

Veru mi ha portato a casa cinque mazzi di asparagi pugliesi (mi raccomando, consumiamo prodotti italiani! Facciamo del bene a noi e all'ambiente!) e prestissimo li cucinerò come ha proposto Marica in questa ricetta arrivata al blog. Grazie davvero, ancora una volta dimostriamo come sia possibile portare in tavola un piatto delizioso e profumato senza togliere niente al gusto. E quanti accorgimenti salutari: latte di soia, battuto stufato e non soffritto... Brava Marica!

Tagliatelle alla crema di asparagi e porcini

Coprite il fondo di una padella antiaderente con acqua e portatela a ebollizione con il battuto di cipolla e aglio; aggiungete i porcini surgelati. Cuocete gli asparagi al vapore.
Spezzettate gli asparagi, tenetene da parte le punte e mettete il resto nel frullatore insieme ai porcini, tenendone da parte un po' per guarnire i piatti.
Frullate porcini e asparagi e poi passate il purè ottenuto nella padella antiaderente con un goccino di latte di soia per ammorbidire.
Lessate le tagliatelle, scolatele e conditele con il purè di asparagi e porcini. Decorate il piatto con le puntine degli asparagi e i cubettini di porcini... Spolverate con un pochino di prezzemolo e servite!

27

marzo

Ingredienti per 4 persone

- 300 g di tagliatelle di farro o di kamut
- 1 mazzo di asparagi verdi
- 300 g di porcini surgelati
- battuto di cipolla e aglio
- latte di soia
- prezzemolo tritato

Nutraceutici

Calcio
Carotenoidi
Potassio
Vitamina C

aprile

02

aprile

Dadolata di finocchi con quartirolo

La prima ricetta pubblicata sul mio blog!
Iniziamo dalla salsina: tritate cetriolo e cipolla (non sbucciate il cetriolo!) e strizzateli bene con le mani. Sbattete in una ciotola lo yogurt con il trito, aggiungete l'olio extravergine e un cucchiaino di aceto di mele. Ecco, la salsina è pronta. Conservatela in frigorifero fino al momento di condire l'insalata.
Procedete così: tritate le olive nere e tagliate a cubetti i finocchi e il quartirolo. Ora riunite tutto in una ciotola e mescolate tra loro i due tipi di bianchi quadrotti con il trito di olive.
Impiattate utilizzando un coppapasta, disponendo sul fondo del piatto un po' di barbabietola a julienne condita con il succo di 1 limone a testa. Lasciate nel coppapasta fino al momento di servire.
Condite con la salsina di yogurt, cipolla e cetriolo. È strabuona. Provatela!

Ingredienti

- 300 g di finocchi
- 200 g di formaggio quartirolo lombardo
- 200 g di yogurt greco 0% di grassi
- 1 bustina di barbabietola tagliata a julienne
- 3 manciate di olive nere denocciolate
- 1 cipolla
- 1 cetriolo
- 4 cucchiai di olio extravergine di oliva
- 1 cucchiaino di aceto di mele
- 4 limoni

Nutraceutici

Antocianine
Fibre
Folati
Potassio

03

aprile

Proteine animali?

Preferisco quelle vegetali, più digeribili e «sane», ma di tanto in tanto mi concedo un pochino di pesce: salmone, sogliola, tonno, sgombro, alici, rana pescatrice, merluzzo, nasello...
Ipermercato, solita spesa serale-notturna e «colpo di fulmine» al banco del pesce: dei filetti di sogliola appena puliti mi chiamano e subito ne approfitto. Idea! Li preparo a involtino, accompagnati e ripieni di un purè di carote e mentuccia. Le carote le ho già in frigorifero (bene o male ne ho sempre in casa, ma questo avanzo è di una torta alle carote preparata settimana scorsa...), mentre per la mentuccia sfrutterò quel profumatissimo vaso che le zie Anna e Donata mi hanno regalato sabato scorso insieme alle altre piantine aromatiche.

Involtini di sogliola

Ingredienti

- 12 filetti di sogliola (pari a circa 600 g) preferibilmente pescata e non di allevamento
- 500 g di carote
- 100 g di tarassaco
- 50 g di mandorle tostate e tritate
- 2 cipollotti
- 12 foglie di menta (1 per filetto)
- olio extravergine di oliva
- sale
- pepe

Nutraceutici

Betacarotene
Calcio
Fosforo
Potassio

Lessate le carote dopo averle ridotte a rondelle, così da consentirne una cottura più rapida. Cuocetele in poca acqua leggermente salata (solitamente utilizzo lo stesso volume di acqua occupato dalle carote: una tazzona di carote a rondelle? Allora una tazzona di acqua e un paio di pizzichi di sale fino).
Dopo 15 minuti dall'ebollizione aggiungete il tarassaco spezzettato con le mani e ultimate la cottura per circa 5 minuti. Frullate con un frullatore a immersione che aumenterà il volume della vellutata grazie all'aria che incorporerà (in alternativa anche un robot da cucina va benissimo...). Assaggiate e sistemate di sale. Aggiungete 2 cucchiai di olio extravergine di oliva e mescolate, ovviamente a fuoco spento.
Fate saltare i cipollotti affettati e le mandorle in un pentolino antiaderente con un paio di cucchiai di olio extravergine di oliva e salate.
Prendete adesso i filetti di sogliola e appoggiate al centro di ciascuno un cucchiaino di crema di carote e tarassaco e una fogliolina di menta. Arrotolate con attenzione e fermate i rotolini con stuzzicadenti. Disponeteli su una placca da forno rivestita con carta forno e cospargete con i cipollotti e le mandorle saltati in padella.
Passate in forno caldissimo, anche 250°, per circa 15 minuti; nel frattempo, distribuite nei piatti il resto della vellutata. Quando gli involtini saranno pronti (mi raccomando: devono seccarsi soltanto in superficie, quindi tenete d'occhio la cottura!), deponeteli ben caldi sul letto di carote e tarassaco. Se necessario, oliate e pepate appena servito.

04

aprile

Ingredienti

- 500 g di sfoglia per lasagne senza uova
- 200 g di funghi chiodini
- 300 g di fagiolini
- 500 g di carciofi puliti
- 2 spicchi di aglio
- olio extravergine di oliva
- 1 cucchiaio di amido di mais o di fecola di patate
- sale
- pepe

Nutraceutici

Betacarotene
Fosforo
Licopene
Potassio

Le lasagne della Mirca

Da quando mia suocera Mirca ha scoperto che esiste anche la sfoglia per lasagne senza uova, ecco che la sua creatività nei ripieni spazia nel mondo salutare. Ieri mi ha proposto questa ricetta. Ne avanziamo un po' e scopriamo che il giorno dopo, come la gran parte dei piatti del resto, è davvero eccezionale...

Lasagne con carciofi, fagiolini e funghi

Sbollentate i fogli di pasta per lasagne (non quella all'uovo!) prestando attenzione a non farli attaccare tra loro.
Nel frattempo lessate i fagiolini e i carciofi affettati. Fateli quindi saltare in padella con un paio di spicchi di aglio e i funghi. Appena hanno preso sapore, dopo circa 10 minuti al massimo, toglieteli dal fuoco e prelevatene un quantitativo corrispondente a una manciata per tipo (di fagiolini, carciofi e funghi) che vi servono per la crema; il resto lo utilizzerete per farcire la lasagna.
La crema? Semplice: frullate gli ingredienti, aggiungete 2 cucchiai di olio, 1 cucchiaio di amido di mais o fecola di patate e frullate ancora.
Ora potete condire le lasagne, alternandole con la crema e le verdure saltate. Infornate per circa 20-30 minuti a 180-220° e servite, rigorosamente tiepida!

05

aprile

Ingredienti

- 400 g di peperoni rossi (freschi o grigliati e surgelati)
- 400 g di zucchine (fresche o grigliate e surgelate)
- 400 g di melanzane (fresche o grigliate e surgelate)
- 20 foglie di basilico
- 10 rametti di origano fresco
- 100 g di formaggio grana padano
- 3 manciate di pinoli
- limone
- aceto balsamico
- olio extravergine di oliva
- sale
- pepe

Piatto unico o contorno ricco

Questa ricetta può essere davvero rapida se si sceglie di usare le verdure grigliate e congelate (spesso sono più ricche di nutrienti rispetto a verdure grigliate in casa che tendono a carbonizzare se non si sta attenti alla piastra!) che si trovano al supermercato. Un piatto unico se servito nella versione «abbondante» e un contorno ricco se accompagnato a un primo piatto...

Insalata di verdura grigliata

Dopo aver grigliato i peperoni rossi, le zucchine (se le acquistate fresche selezionatele piccole piccole) e le melanzane, fateli raffreddare su un piatto.
Se invece avete scelto di utilizzare le verdure grigliate surgelate, portatele a temperatura ambiente riscaldandole leggermente a vapore o lasciandole a temperatura ambiente per una decina di ore.
Nel frattempo tagliate con una mandolina il grana: a fettine sottilissime, da far invidia a un foglio di carta velina! A parte tostate i pinoli in una padellina antiaderente.
Preparate l'emulsione frullando succo di limone, aceto balsamico, olio extravergine di oliva, un pizzico di sale e uno di pepe.
Disponete le verdure grigliate alternandole e aggiungete sia i pinoli che il grana a velo. Condite con l'emulsione preparata e terminate spezzettando sopra l'insalata le foglie di basilico e di origano fresco.

Nutraceutici

Antocianine
Betacarotene
Fibra
Fosforo
Vitamina C

Avanzi creativi

Quando avanza qualcosa, la creatività in cucina ha il sopravvento... in questo caso è molto semplice! Ho avanzato delle verdure grigliate, e subito le immagino come condimento per una pasta un po' sul genere di quella di mia suocera Mirca, ormai così attenta alla sana alimentazione (brava!). Visto che pretendo sempre tanti colori e visto che mi trovo in freezer dei piselli, li uso per arricchire ancor più questo buon primo piatto.

Farfalle con verdure grigliate, piselli e pomodorini

Sminuzzate tutte le verdure grigliate. Lessate i piselli (se li avete) e tagliate in quattro i pomodorini ciliegia o datterino (o qualsiasi altro pomodoro che ridurrete a dadolata).
Lessate la pasta (io adoro le farfalle, che secondo me sono l'ideale per le insalate di pasta fredda, anzi tiepida) e quindi, una volta scolata, conditela con le verdure grigliate, i piselli lessati e i pomodori. Un filo di olio extravergine e buon appetito!

08

aprile

Ingredienti

- 280 g di farfalle integrali
- verdure grigliate (circa 300 g tra peperoni, zucchine e melanzane)
- 20 pomodorini
- 2 manciate di piselli surgelati
- olio extravergine di oliva
- sale
- pepe

Nutraceutici

Antocianine
Betacarotene
Fibra
Fosforo
Vitamina C

A zonzo con Veru per la nostra amata e sempre romantica Parigi

vegetarien
BIO

A l'heure du thé

Vegan Folie's
BIO

Salute di ferro

Veru ha recentemente donato il sangue e ancora una volta si sono complimentati con lei per la buona dose di ferro in circolazione... merito dei tanti vegetali a foglia verde e dei tanti legumi che mangiamo? Direi proprio di sì e, in questo caso specifico, della scorpacciata di burger di lenticchie mangiati l'altro ieri, ovviamente accompagnati da spremuta di arancia rossa che, grazie alla gran quantità di vitamina C, migliora l'assorbimento del ferro presente nelle lenticchie.
Essenziale per questa ricetta è un robot da cucina e, non essenziale ma importante, dei coppapasta per dare forma ai nostri burger.
Non complimentatevi con me per la foto: solitamente non impiatto così bene... il merito è di una food stylist, e la foto è il ricordo di uno shooting per un servizio pubblicato su *Gioia*...

13

aprile

Burger di lenticchie con salsa di yogurt e zafferano

Ingredienti

- 500 g di lenticchie lessate (anche in scatola vanno benissimo purché risciacquate dalla loro acqua di conserva; preferitele senza aggiunta di sale)
- 1 cipolla bianca e 1/2
- 10 rametti di prezzemolo fresco
- 2 carote
- 3 cucchiai circa di farina di mais (tipo fioretto)
- olio extravergine di oliva
- sale
- 1/2 cucchiaino di curry

Per la salsa:

- 200 g di yogurt greco a 0% di grassi
- 1 bustina di zafferano
- 1/2 cipolla
- (il sale non lo uso di proposito... non serve per questa salsa, perché è già ricca di sapore!)

Frullate nel robot le lenticchie (scolate bene bene bene) con la cipolla, le carote, il prezzemolo, la farina di mais fioretto, sale, curry e 5 cucchiai di olio extravergine di oliva (anche un olio di semi vari spremuto a freddo va benissimo).
Frullate fino a ottenere una crema piuttosto consistente e omogenea. Se risultasse troppo morbida, aggiungete ancora un cucchiaio di farina di mais fioretto; se troppo dura, 1 cucchiaio o 2 di acqua.
Assaggiate l'impasto, ma anche se un cucchiaio tira l'altro (ve lo dico per esperienza!), non finitelo! Regolatelo di sale ed eventualmente di curry.
Riscaldate una larga padella antiaderente, eventualmente ungetela utilizzando un tovagliolino sporco di olio extravergine di oliva, appoggiatevi i coppapasta e riempiteli con l'impasto preparato. Coprite con un coperchio e fate cuocere per circa 10 minuti, quindi, stando attenti a non scottarvi e a non distruggere i burger, rigirateli utilizzando una palettina di acciaio e fateli cuocere dall'altro lato.
Dopo circa 8-10 minuti spegnete la fiamma e lasciate nella pentola i vostri burger. Mentre perdono calore e si compattano, preparate la salsina di accompagnamento: in una ciotola riunite lo yogurt greco con la bustina di zafferano e la cipolla tritata. Mescolate bene con una frusta di acciaio e conservate in frigorifero fino all'ultimo momento.
Servite i burger tiepidi sformandoli dai coppapasta, accompagnati dalla salsa di yogurt e zafferano. Sono veramente squisiti e... ricchi di ferro!

Nutraceutici

Antocianine
Betacarotene
Fibra
Fosforo
Vitamina C

16

aprile

Insalata calciotta

Quest'insalata di rucola con alici, ceci, soia e mandorle è un altro classico dei *Magnifici 20*. Ho intenzione di proporla a un evento dedicato a tutte le donne in «dolce attesa» che, si sa, hanno bisogno di tanto calcio... Con questo piatto, la dose è assicurata! Questi i contenuti di calcio per 100 g di prodotto: alici 148 mg, rucola 309 mg, soia 258 mg, mandorle 240 mg e salvia ben 600 mg. In più, contiene fibre, folati, fosforo, magnesio, polifenoli e sodio.

La ricetta: in una padella antiaderente tostate 50 g di mandorle con un pizzico di sale e lasciatele raffreddare. Nel frattempo emulsionate il condimento, frullando 20 g di salvia con 6 cucchiai di olio extravergine di oliva, sale e pepe. Preparate infine l'insalata alternando nell'insalatiera 150 g di rucola, 50 g di ceci lessati e 50 g di soia lessata. In superficie disponete le mandorle tostate e 70 g di alici. Condite con l'emulsione di olio e salvia e con aceto di mele.

19

aprile

Ingredienti

- 700 g di asparagi
- 150 g di ricotta magra (anche di capra: risulteranno più gustosi)
- 500 ml di salsa di pomodoro
- 1 spicchio di aglio
- olio extravergine di oliva
- sale
- pepe

Nutraceutici

Betacarotene
Fosforo
Licopene
Potassio

I miei asparagi...

Asparagi... di stagione e in «sconto» in qualsiasi supermercato o protagonisti nella gran parte dei mercati all'aperto... mi piacciono moltissimo malgrado abbiano un costo davvero esagerato. Ne approfitto spesso quando li trovo a minor prezzo, e come li cucino? Semplicemente lessati e conditi con olio extravergine di oliva e pepe nero, o così: in salsa di pomodori con aglio e ricotta.

Asparagi con salsa di pomodori

Tagliate la parte bianca agli asparagi e con un pelapatate ripulite i gambi. Sbollentateli per circa 10 minuti e quindi scolateli riponendoli in un piatto.
Nel frattempo riscaldate la salsa di pomodoro con la ricotta, lo spicchio d'aglio e i 4 cucchiai di olio e fate cuocere sobbollendo per circa 10 minuti. Aggiustate di sale e pepe e utilizzate una frusta per eliminare eventuali grumi.
Riponete in una teglia da forno gli asparagi con la crema di pomodoro e ricotta e infornate alla massima temperatura fino a doratura completa (potete anche utilizzare la modalità grill).

...e gli asparagi di Riccardo e Stefano

Scrivono al blog due ragazzi straordinari, Riccardo e Stefano di gnambox.com: «Ciao Marco, ci piacerebbe tantissimo poterti invitare nella nostra cucina per intervistarti e cucinare con te una tua ricetta! Intanto ti alleghiamo questa, sperando ti piaccia!»

Asparagi saltati con pane tostato e mandorle

«Lavate gli asparagi e privateli della parte dura dei gambi; cuoceteli in acqua salata bollente per 8-10 minuti.
Tagliate in cubetti il pane. In una padella scaldate l'olio con gli spicchi d'aglio vestiti e schiacciati, quindi aggiungete le mandorle e il pane. Rosolate qualche minuto fino a che tutti gli ingredienti saranno dorati.
Trasferite tutto nel robot da cucina, aggiungete paprika, cumino in polvere, aceto, sale e pepe. Tritate grossolanamente.
Mettete in padella gli asparagi scolati, rosolateli con poco olio e aggiungete il trito. Saltate per qualche secondo e servite».

Ingredienti

- 500 g di asparagi
- 1 fetta di pane integrale con la crosta
- 60 ml di olio extravergine di oliva
- 3 spicchi di aglio
- 15 mandorle
- 1 cucchiaino di paprika
- 1 cucchiaino di cumino in polvere
- 1 cucchiaio di aceto di vino rosso
- sale
- pepe

Nutraceutici

Calcio
Potassio

23

aprile

Grigliate salutari

Ricordo che la miglior cottura è quella a vapore, perché conserva i principi e valori nutrizionali dell'alimento; la grigliata (di verdure o pesce naturalmente) dovrebbe esser presente sulla nostra tavola non più di una volta alla settimana, e comunque mai sotto forma di pietanze carbonizzate.
Detto questo, ecco dei crostini davvero speciali! Scommetto che non li avete mai preparati...
Vi servono del pane integrale (meglio ancora di sola segale, con quel buon saporino acidulo), delle buone pere (io preferisco le kaiser), del caprino e una manciatina di pinoli tostati. Il gioco è fatto, o meglio il crostino è pronto!

Crostini con pera grigliata e caprino

Tagliate il pane a fette dello spessore di 1/2 centimetro. Stessa cosa vale per la pera... magari, se lo preferite, vi concedo qualche millimetro in meno.
Riscaldate una piastra o bistecchiera (come la chiamate voi?) e solo quando sarà ben calda iniziate a grigliare pane e pera, separatamente.
Basta un lieve colorito bronzeo, non una carbonizzazione! A questo punto toglietele e lasciatele raffreddare in un piatto. Nel frattempo prendete i caprini, unitevi il succo del limone, un pizzico di sale (non è necessario) e il pepe. «Montate» il formaggio con una forchetta fino a che diventa una crema morbida similspuma.
Tutto è pronto. Servite il pane con la fettina di pera grigliata e sopra, a fiocchi, il caprino impepato e i pinoli (ne bastano 5 per ogni crostino). Un tocco di freschezza potrebbe regalarlo un rametto di timo sbriciolato con le mani al momento...

Ingredienti

- 2 pere
- 500 g di pane integrale ai 5 cereali o di segale
- 2 formaggi caprini
- 1 limone
- 1 manciata di pinoli
- sale
- pepe

Nutraceutici

Calcio
Potassio

maggio

05

maggio

Ingredienti

- 8 cipolle bianche
- 1 gambo di sedano
- 2 carote
- 2 cucchiai di farina di mais fioretto
- 1 manciata di capperi sottaceto
- 8 rametti di timo fresco
- olio extravergine di oliva
- sale

Nutraceutici

Carotenoidi
Composti solforati
Fibra
Fosforo
Potassio

Cipolle stufate al forno... o soffritto non soffritto

Classica ricettina dell'ultimo momento, semplicissima e rapida. E soprattutto poco impegnativa, così nel frattempo si può fare altro, come scrivere qualcosa sul blog!
Servono delle cipolle, della farina di mais fioretto o del pane grattugiato, dei capperi e tanto timo, due carote e una gambetta di sedano. In poche parole è un soffritto non soffritto...
Via, all'opera, altrimenti vi faccio perder tempo!
Pulite le cipolle eliminando la buccia esterna e tagliandole a metà orizzontalmente. Svuotate ogni metà mettendo da parte gli strati interni.
Tritate con un mixer (pochi colpi, non deve diventare poltiglia!), o meglio ancora con la «santa» mezzaluna, le carote, il sedano e la cipolla messa da parte. Aggiungete al trito la farina di mais fioretto, 2 pizzichi di sale e 4 cucchiai di olio. Riempite le mezze cipolle con questo trito aggiungendo un rametto di timo e qualche cappero sottaceto in superficie.
Infornate a 220° fino a cottura: ci vorranno circa 30-45 minuti... Servite tiepide e come sempre, se le avanzate, domani saranno ancora più buone...

E se si parla di cipolle al forno, anche in quelle proposte da Stefania Campagnuolo ci sono calcio, fibre, fosforo, potassio. «Le faceva sempre mio nonno, Nonno Pasquale» scrive Stefania al blog. Evviva nonno Pasquale! Anche mio nonno, l'ormai famoso Eurico, era un grande chef ricco di tante ricette semplici ma uniche per sapore e velocità. Grazie per questa condivisione!

«Chiamarla ricetta è un'assurdità, ma come altro definirle? Bontà insuperabile? E vabbe', eccole!
In genere le faccio mentre cucino qualcosa al forno. Prendete le cipolle con la buccia dorata, mettetele così come sono, senza togliere neanche una pellicina, in un tegame, meglio se di alluminio. La temperatura del forno è sui 180° o anche di più. Sfornatele quando la buccia è diventata marroncino chiaro: sono cotte. Pian piano sbucciatele aiutandovi con uno strofinaccio. Non si può aspettare che si raffreddino: la buccia non si toglierebbe più. Tagliatele a fette e conditele con sale e olio. Conditele con succo di limone, ma solo al momento di mangiarle, altrimenti diventano rosa». (Nota di Marco: il colore cambia perché le antioclanine reagiscono con l'acido... reazione di PH!)

Lo stesso ripieno delle cipolle è ottimo anche per altre verdure.

Insalata con crocchette di quinoa

Ingredienti

- 120 g di quinoa
- 1 peperone rosso
- 1 peperone giallo
- 2 gambi di sedano
- 1 cetriolo
- 1 cipolla rossa
- pane integrale
- 2 limoni
- 1 manciata di mandorle tritate
- olio extravergine di oliva
- curry
- sale
- pepe

Nutraceutici

Calcio
Fibra
Fosforo
Omega 3
Potassio
Silicio

Non solo zuppe, con la fantastica quinoa: anche insalate, crocchette e sformati. Questa è un'insalata-piatto unico veramente piena zeppa di consistenze croccanti. Quando preparo le crocchette, le dedico sempre alla bimba celiaca conosciuta al corso di cucina della Fondazione Umberto Veronesi, che per l'appunto non conosceva la quinoa, ricca di importanti nutrienti e priva di glutine!

Tagliate il pane a fette dello spessore di 1/2 centimetro. Riscaldate una piastra e solo quando sarà ben calda iniziate a grigliare le fette di pane. Appena è colorato toglietelo dalla piastra.
Cuocete la quinoa in acqua bollente (2 tazze di acqua per 1 tazza di quinoa) e leggermente salata per circa 20 minuti.
Nel frattempo tagliate il cetriolo a losanghe senza sbucciarlo e il resto delle verdure a cubetti, eccetto la cipolla rossa, che affetterete finemente.
Una volta cotta, scolate la quinoa e lasciatela raffreddare: metà la sgranerete per bene con le mani velate di olio extravergine di oliva, la restante metà frullatela con il frullatore a immersione.
A questa seconda metà aggiungete 1 cucchiaio di curry e 4 cucchiai di olio e con le mani ricavatene delle polpettine. Passatele quindi velocemente in una padellina antiaderente e ben oliata fino a doratura.
Preparate l'insalata miscelando per bene tutte le verdure tra loro con la quinoa sgranata e conditela con il succo dei limoni, sale, pepe e olio. Servitela accompagnandola con il pane integrale tostato e le polpettine di quinoa al curry. Se vi piace, un trito di salvia e timo vi regala olii importanti per la salute e un profumo che vi apre i polmoni.

E per chi non lo conoscesse ancora, il classico alla quinoa dei *Magnifici 20*, le Polpettine di quinoa vegetariane.
Dopo aver lessato 300 g di quinoa in grani in acqua salata e bollente (il tempo di cottura è indicato sulla confezione), scolatela per bene e passatela al mixer: le dimensioni dei grani diminuiranno e ci permetteranno una miglior manipolazione.
Sbollentate 100 g di zucchine e 100 g di carote tagliate a cubetti e fatele saltare in padella con olio extravergine di oliva e 2 cucchiai di salsa di soia. Salate e pepate. Aggiungete quindi un cucchiaino di coriandolo e una manciatina di prezzemolo tritato. Unite alle verdure la quinoa passata al minipimer e con le mani create delle palline: non fatele troppo grosse, altrimenti si

romperanno durante la lavorazione. Immaginate che abbiano un diametro di 5 centimetri circa.
Dopo averle leggermente unte in superficie con olio extravergine di oliva, adagiatele su una teglia e passatele in forno a 200° per circa 20 minuti. Tiepide e fredde sono ancora più buone!

07

maggio

Un'altra insalata speciale, anzi: anomala

Per questa ricetta vi serve assolutamente un buon avocado, nulla di legale (Ugo, non ti sto chiamando in causa), ho scritto avocado, e deve essere maturo al punto giusto... leggermente morbido al tatto ma non molliccio!
Insalata «anomala» perché ricca, oltreché di gusto, di grassi «sani»: perché non approfittarne?
La difficoltà è davvero inesistente, vi ci vorranno circa 15 minuti per prepararla.
Se ve ne avanzasse, frullatela con il succo di un limone e un cucchiaio di olio extravergine di oliva. È un'ottima salsina per un crostino-antipasto o per accompagnare del pesce cotto semplicemente a vapore o al forno senza grassi aggiunti... ovviamente, frullate anche la lattuga; non aggiungete acqua, visto che questa insalata ne contiene già per il 95%!

Insalata di avocado, lattuga e daikon

Ingredienti

- 1 daikon
- 1 cespo di lattuga
- 1 avocado
- 1 limone
- 1 pompelmo
- sale
- pepe
- olio extravergine di oliva
- aceto balsamico

Nutraceutici

Calcio
Fosforo
Omega-3
Potassio
Vitamina C

Pulite la lattuga sfogliandola con cura senza distruggere le foglie (saranno loro a fare da contenitore per l'insalata), lavatela bene e mettetela ad asciugare su un canovaccio.
Nel frattempo tagliate a metà l'avocado nel senso della lunghezza ed eliminate il nocciolone. Tagliate la polpa a cubetti e riponeteli in una ciotola con il succo del limone e del pompelmo.
Lavate infine il daikon e affettatelo molto sottilmente.
Disponete su ogni foglia di «portata» - cioè di lattuga - qualche cubetto di avocado e qualche rondellina di daikon. Irrorate con il succo di limone e pompelmo rimasto nella ciotolina dell'avocado e servite, salando e pepando leggermente.
Qualche goccia di aceto balsamico, per coloro a cui piace, non sta affatto male!

Un pane parigino ai multicereali.

13

maggio

Il pane della Paola e di Ludovica

«Ludovica» è un vero progetto di educazione alimentare dedicato ai bambini; il suo nome significa Luce-Dono-Vita-Casa.
La dottoressa Paola Reverso, medico e nutrizionista di Alessandria, si impegna da moltissimi anni per portare avanti questo progetto così importante. Per fortuna ha un enorme successo, anche perché propone ricette veramente buonissime e che i bambini adorano.
Ecco il «suo» pane ai cereali. Brava Paola!

Pane ai cereali

Dopo aver sciolto il lievito nell'acqua tiepida (non bollente) con il cucchiaino di miele, lasciatelo riposare per circa 10 minuti.
Nel frattempo riunite in una ciotola le farine con il sale. Versatevi il lievito sciolto e iniziate a impastare. Aggiungete il cucchiaio di tahina e impastate.
Quando l'impasto è morbido e liscio lo lasciate lievitare per circa 2 ore nel forno tiepido e spento. Poi lo riprendete e lo impastate nuovamente, se necessario con un poco di farina, sul piano di lavoro. Formate una pagnotta, la mettete in una teglia rivestita con carta forno e la lasciate lievitare per un'altra ora-ora e mezza, sempre nel forno tiepido e non acceso.
Incidete la superficie della pagnotta con un coltello inumidito di acqua. Versateci sopra un paio di cucchiai di olio extravergine di oliva e un paio di cucchiai di semi di sesamo.
Cuocete a 200° per circa 20 minuti. Lasciate raffreddare prima di divorarlo.

Se avanza, potete tranquillamente congelarlo e tirarlo fuori alla prima gita fuori porta, vista la stagione! Mi raccomando, consiglio da scienziato: cercate di preparare da soli quanti più alimenti potete: ne gioverà il vostro ego (penso a mia sorella Barbara, per la quale preparare il pane in casa è diventato un gesto quotidiano di cui va orgogliosissima) e soprattutto la vostra salute! Piuttosto, impastate più farina per prepararne di più e poterlo congelare. Scongelato e riscaldato, biscottato al forno, sarà come appena sfornato. Anzi: visto che dovremmo rispettare i cinque pasti della giornata, potremmo proprio iniziare alla grande sfruttando questa gran bontà! Possiamo accompagnare le due fette di pane con marmellata 100% frutta, miele o la «mia» crema di nocciole o quella senza latte al cacao di Claudia di Cioccolato Italiano.

Ingredienti

- 200 g di farina di farro
- 200 g di farina di kamut
- 100 g di farina di orzo
- 100 g di farina di segale
- 1 panetto di lievito
- 1 cucchiaio di miele
- 1 cucchiaio di tahina (crema di sesamo)
- 2 cucchiaini di sale
- 2 cucchiai di semi di sesamo
- 2 cucchiai di olio extravergine di oliva

Nutraceutici

Fibra
Potassio
Fosforo
Selenio
Calcio

15

maggio

Ingredienti

- 280 g di spaghettini di soia
- 4 limoni
- 1 radice piccola di zenzero
- olio di mais
- salsa di soia
- 150 g di piselli freschi sgusciati
- 10 foglioline di menta
- 2 peperoncini dolci
- sale

Nutraceutici

Calcio
Fibra
Fosforo
Omega 3
Potassio
Silicio

Primavera in 4 + 4 minuti

Veru mi ha trovato i piselli freschi... fantastici! Che dolci che sono... durante l'anno utilizzo quelli surgelati che sbollento velocemente in acqua e sale, ma quando arriva la stagione, ne faccio davvero indigestione! Ecco una ricettina da 8 minuti...

Spaghettini di soia con piselli freschi

Per cominciare preparate la salsina.
Spremete i limoni, aggiungete 1 cucchiaino di zenzero grattugiato fresco, 3 cucchiai di olio di mais e 1 cucchiaio di salsa di soia.
Sbollentate i pisellini in acqua bollente e poco salata per circa 4 minuti (io li adoro croccanti, poi fate voi...). Scolateli con una schiumarola, perché nella stessa acqua cuocerete gli spaghettini di soia.
Lessate dunque gli spaghettini di soia per 4 minuti. Non fate altro durante la cottura, perché dovrete scolarli appena pronti! Condite subito con la salsina preparata e aggiungete i piselli-ni. Servite cospargendo di menta tritata e peperoncino fresco dolce.

Verona, Roma-La Sapienza: due importanti tappe per presentare i miei libri e parlare di sana alimentazione

18

maggio

Un piatto salato che ricorda il dolce

Alcuni dolci possono esser preparati usando il cous cous.... Ecco una ricetta salata in cui ci sono rievocazioni di quei particolari dolci arabi.
Note profumate di zafferano, con il dolce sapore dell'uvetta passa e quello quasi neutro dei ceci.

Cous cous di farro con uvetta, zafferano e ceci

Cuocete il cous cous di farro in acqua salata nella quale avete sciolto lo zafferano. Ricordate che il cous cous, come alcuni cereali, vuole due volte il suo volume di acqua; se non mi sono spiegato, per ogni mestolo di cous cous ce ne vorranno due di acqua bollente. Una volta nell'acqua, spegnete e lasciate cuocere con il suo vapore, chiudendo la pentola con il coperchio, oppure trasferendo il cous cous in una ciotola e coprendola con pellicola alimentare.
Nel frattempo fate saltare in padella con un poco di acqua i ceci insieme alle uvette e al prezzemolo spezzettato grossolanamente con le mani. Aggiungete 4 cucchiai di olio e quindi il cous cous ben sgranato. Servite tiepido o a temperatura ambiente.
Il giorno dopo, servito con un coppapasta e una sbriciolata di feta, è divino.

Ingredienti

- 250 g di ceci lessati
- 300 g di cous cous di farro o integrale
- 2 tazze di acqua tiepida circa
- 3 pizzichi di sale
- 1 bustina di zafferano
- 1 manciata di uvette
- 1 mazzolino di prezzemolo
- olio extravergine di oliva
- 70 g di feta (facoltativo)

Nutraceutici

Calcio
Fibra
Fosforo
Omega 3
Potassio
Silicio

29

maggio

Ingredienti

- 300 g di fagioli di Spagna lessati
- 1 cipolla
- 1 o 2 scalogni
- 2 pizzichi di sale
- 100 g di feta
- olio extravergine di oliva
- pepe nero

Nutraceutici

Ferro
Fibre
Potassio

Jamie Oliver rivisitato

Amo il modo di comunicare di Jamie Oliver, spero di poterlo conoscere prima o poi... Non condivido molti suoi piatti esageratamente ricchi di grassi che lui definisce genuini, mentre altri sono semplici e leggeri.
Eccone uno, che ho rivisitato e ora vi ripropongo... Curiosate anche nel suo sito, è davvero molto bello e ricco di ricette, ma sappiate selezionare solo quelle salutari!

Fagioli di Spagna con feta

Scolate i fagioli di Spagna, sciacquateli sotto l'acqua corrente e lasciateli scolare bene. Nel frattempo tritate la cipolla e lo scalogno.
Riscaldate una padella antiaderente ben oliata e buttatevi i fagioli di Spagna con il trito cipolla-scalogno. A fuoco medio fate saltare... I fagioli dovranno dorare, quasi abbrustolire: solo a quel punto mescolateli, in modo che si colorino su tutta la superficie. Serviteli così croccanti insieme alla feta sbriciolata grossolanamente con le mani. Una pepata finale darà un ulteriore tocco di brio. Se aggiungete del miglio o della quinoa fredda ben sgranata, avrete un ottimo piatto unico.

Semplici verdure al forno... ma così ricche di gusto!

30

maggio

Ingredienti

- 1 vasetto di yogurt bianco magro (anche zuccherato va bene… purché sia magro!)
- 2 vasetti di farina di avena
- 1 cucchiaio di olio di mais
- 1 cucchiaio di zucchero integrale mascobado

Nutraceutici

Calcio
Fibra
Fosforo

Naturalmente vi deve piacere la loro consistenza spugnosa... Altrimenti è meglio preparare un altro dolcino. Questa ricetta mi è stata proposta da Cristina, la mia editor, l'ho rivisitata e qui ve la ripropongo. Sono ideali per la colazione, un brunch domenicale e come dopocena, quando non si è mangiato molto! Accompagnateli a crema di cioccolato e nocciole, marmellata, miele o humus di ceci! Strabuoni...

Pancake all'avena

Innanzitutto procuratevi una padellina antiaderente, anche in ghisa va benone! Riscaldatela (eventualmente al momento di usarla oliatene la superficie) e intanto preparate l'impasto: in una ciotola riunite lo yogurt, la farina di avena, lo zucchero e l'olio. Mescolate bene con una frusta di acciaio o un frullatore a immersione (incorporerete più aria e questo non è niente male, per il pancake). Con un mestolo rovesciate l'impasto semi-liquido nella pentola antiaderente e lasciate cuocere per un paio di minuti, quindi girate il pancake dall'altro lato e proseguite la cottura per altri 2 minuti. Continuate così fino a esaurire l'impasto.
I pancake sono buonissimi mangiati caldi caldi! Mano a mano che li preparate, conservateli in un piatto, uno sopra l'altro, coperti da uno strofinaccio.
Se desiderate, potete anche aggiungere all'impasto dei fiocchi di avena... sempre prendendo il vasetto dello yogurt come unità di misura, ce ne vorrà circa 1/2 vasetto!

Un'alternativa al classico humus di ceci: aggiungiamo mezza barbabietola, di quelle che troviamo già lessate, sottovuoto. Idea dei ragazzi di gnambox.com. Attenzione, ha un forte potere colorante!

giugno

01

giugno

Ingredienti

- 300 g di piselli freschi sgranati
- 300 g di fave fresche sgranate
- 500 g di fagiolini surgelati (o freschi)
- 2 cipolle
- 3 o 4 spicchi di aglio
- 10 foglie di salvia
- 1 cucchiaino di paprika dolce
- 1/2 cucchiaino di curcuma
- 1 peperoncino piccante
- 1/2 cucchiaino di pepe nero
- 3 pizzichi di sale
- olio extravergine di oliva

Nutraceutici

Acidi grassi insaturi
Ferro
Fibre
Folati
Vitamine B
Vitamina C

Fagiolata speziata

Avreste mai pensato di combinare fagiolini, fave e piselli freschi? La ricetta nasce nella mia testa un po' per caso, come la gran parte delle mie ricette... Veru mi porta a casa le fave, mia mamma si presenta con dei piselli freschi e nel freezer ho ancora 1/2 kg di fagiolini di quelli che vendono al supermercato surgelati. Bene... Inizia la sfida, come combinare tutto? Ecco la mia ricetta. Dovesse mai avanzarvi un po' di fagiolata, ricordate che se passate tutto al robot o mixer con del pane grattugiato e poi infornate avrete creato un ottimo tortino... Volete ancora più sapore e consistenza? Impastate insieme all'avanzo 2 cucchiai di pecorino e 1 grossa patata lessata.

Insalata tiepida di legumi

Per prima cosa preparate una grossa casseruola con dell'acqua bollente e leggermente salata. Pulite i piselli togliendoli dal loro baccello e riuniteli in una ciotola. Preparate le fave, lasciate pure la loro buccia che solitamente nelle prime di stagione è molto tenera. Arrivata al bollore l'acqua, buttatevi dentro le fave, i piselli, e i fagiolini ancora surgelati.
Io non faccio mai trascorrere più di 8 minuti, per lasciare tutto molto croccante e decisamente più ricco dal punto di vista nutrizionale, ma scegliete la cottura in base al vostro gusto.
A parte in una padella antiaderente fate stufare le cipolle tritate e gli spicchi di aglio schiacciati, la paprika dolce, la curcuma, il pepe nero, le foglie di salvia e il peperoncino piccante tritato. Appena stufata la cipolla, aggiungete 5 cucchiai di olio e quindi i tre legumi lessati. Fate cuocere a fuoco molto vivace per circa 15 minuti sino a far asciugare. Servite tiepido e se piace con qualche goccia di aceto balsamico, che si sposa moltissimo con questo piatto....

Tofu al pepe nero

Ecco un'altra ricetta che ho visto durante una trasmissione del grande Jamie Oliver... come già detto, a volte cucina anche qualcosa di poco calorico e sano: eccone un esempio! Proponetelo ad amici adulti, ai piccoli non risulterà gradito...
Tagliate il tofu in cubetti di circa 3x3 centimetri e passateli per bene nella farina di mais mescolata con il pepe nero e bianco. Attenzione: ogni lato si dovrà impanare completamente! Ripassateli più volte. Saltateli in padella (meglio un wok caldissimo) con l'olio di mais e l'olio extravergine di oliva. Girateli in continuazione, meglio se con una pinza da cucina, fino a quando si sarà formata una crosticina. Serviteli nel piatto di portata cospargendoli di semi di sesamo e unendo qualche goccia di salsa di soia.

05

giugno

Ingredienti

- 800 g di tofu al naturale
- 200 g di farina di mais fioretto
- 2 cucchiai di pepe nero
- 2 cucchiai di pepe bianco
- 1 cucchiaio di pepe nero macinato grosso
- 3 cucchiai di olio di mais
- 3 cucchiai di olio extravergine di oliva
- 3 cucchiai di sesamo
- salsa di soia

Nutraceutici

Acidi grassi insaturi
Calcio
Fitoestrogeni
Fosforo

Falafel

06

giugno

Per questa sera, una delle ricette più quotate e pretese dagli amici: Jean Paul, che ha imparato a mangiar legumi e verdure, me li chiede spessissimo oramai... preparo i miei falafel, un must dei *Magnifici 20*.
Frullo 300 g di ceci lessati insieme a 25 g di farina fioretto, 1 cucchiaio di prezzemolo tritato fresco o surgelato, 1 cucchiaio di succo di limone, 1 cucchiaio di cipolla tritata, 1 spicchio d'aglio tritato, 1 cucchiaio di cumino macinato e 3 cucchiai di olio extravergine di oliva. Assaggio e aggiusto di sale, poi aggiungo 2 cucchiai di sesamo (facoltativo: usatelo solo se vi piace), amalgamandolo al composto con un cucchiaio di legno. Formo delle polpettine di 3-4 centimetri di diametro, le dispongo su una pirofila rivestita di carta oleata e metto in forno caldo (preriscaldato a 200°) per almeno 15 minuti. I falafel devono dorarsi: dopo i primi 10 minuti li giro, continuando la cottura per altri 10 minuti.

09

giugno

Salute e risparmio

Questa ricetta è molto semplice ma così ricca di sapore… Brava a mamma Cristina che l'ha inventata, anzi interpretata dal punto di vista salutare. Un tempo carne trita, ora pane integrale avanzato! Brava davvero, due vantaggi in una volta sola: salute e risparmio, mai buttare via nulla… Neppure i preziosi semi dei pomodori, che si frullano insieme al ripieno!

Pomodori ripieni al forno

Preriscaldate il forno a 160°. Tagliate i pomodori in cima, ricavando un'apertura del diametro di 3-4 centimetri circa. Non eliminate il «cappellino» tagliato! Svuotate i pomodori, filtrate con un colino a maglia non troppo fine il loro contenuto, unitelo ai «cappellini» nel tritatutto (adoro il mio robot da cucina, grande aiuto per queste ricette!). Pulite le cipolle e aggiungetele nel mixer, unite anche l'origano, il pane, l'aglio, l'olio, i capperi sgocciolati, il ciuffetto di menta, il concentrato di pomodoro e le olive nere. È arrivato il momento di azionare il robot: via! Il ripieno dei pomodori è pronto. Riempiteli e infornateli per 45 minuti.

Ingredienti

- 4 pomodori da sugo grandi e rossi
- 2 cipolle rosse
- 1 spicchio di aglio
- 3 manciate di olive nere denocciolate
- 2 manciate di capperi sottaceto
- 4 cucchiai di olio extravergine di oliva
- 150 g di pane integrale (o pane secco) grattugiato
- 3 cucchiai di origano
- 1 ciuffetto di menta
- 1 cucchiaio di concentrato di pomodoro

Nutraceutici

Antociani
Carotenoidi (licopene)
Fibra
Potassio

12

giugno

Una ricetta che adoro stramaledettamente tantissimo!

Premesso che i ceci li metterei in ogni mio piatto, questa ricetta a mio parere rende veramente giustizia a questi legumi tanto sani quanto buoni. È nata un po' per caso e un po' per scelta, un giorno in cui non avevo altro in dispensa se non salsa di pomodoro e ceci in scatola, e carote in frigorifero.
Provatela anche con un cucchiaio di pesto come «condimento»... divina, veramente divina!
Attenzione, alcuni ingredienti e passaggi sono inevitabili per conferirle la divinità, tra questi la cottura delle cipolle al forno e il cucchiaio di concentrato di pomodoro con aglio schiacciato e origano...

Zuppa di ceci, pomodoro e carote

Ingredienti

- 3 cipolle
- 600 g di ceci lessati
- 2 carote
- 1 l di salsa di pomodoro
- 1 o 2 spicchi di aglio
- 2 foglie di alloro
- 1 cucchiaio di origano
- 1 o 2 cucchiai di concentrato di pomodoro
- 8 cucchiai di olio extravergine di oliva
- zucchero integrale
- sale
- curcuma
- pepe nero

Per il pesto:
- 1 manciata di pinoli
- 1 manciata di basilico
- sale
- pepe
- olio extravergine di oliva

Scaldate il forno alla massima temperatura. Nel frattempo tagliate a rondelle sottilissime le cipolle e deponetele in una pirofila rivestita da carta forno. Oliate in superficie, pepate e infornate sino a che appassiscono: ci vorranno circa 20 minuti.
Passate al resto degli ingredienti. Lavate i ceci lessati sotto l'acqua corrente per un paio di minuti e sgocciolateli. In un tegame alto riunite la salsa di pomodoro, il cucchiaio di concentrato, il pepe, la curcuma, l'aglio schiacciato, l'origano, l'alloro e l'olio. Risciacquate la bottiglia di salsa con acqua (circa 500 ml) e riversatela nel tegame.
Fate sobbollire per 15 minuti, quindi aggiungete i ceci e le carote tagliate a julienne con il pelapatate (cuoceranno molto in fretta e sono bellissime a vedersi). Unite un paio di cucchiaini di zucchero integrale e continuate a far sobbollire. Nel frattempo avrete sfornato e fatto intiepidire le cipolle abbastanza per lavorarle con le mani separandone gli anelli. Versate gli anelli di cipolla al forno nella zuppa e terminate la cottura senza coperchio per circa 15 minuti.
Servite tiepida! Potete aggiungere del pesto, se lo avete avanzato, o farlo al momento frullando basilico, pinoli, olio, sale e pepe. Servitelo sopra la zuppa: ne basta un cucchiaio.

Nutraceutici

Acidi grassi insaturi
Carotenoidi
Composti solforati
Fibra
Potassio

13 giugno

Ingredienti

- 4 pezzi di filetto di salmone
- 2 bicchieri di spremuta di pompelmo non zuccherata
- 8 rametti di timo
- 4 rametti di prezzemolo
- 250 g di yogurt greco magro
- 1 manciata di capperi sottaceto lavati
- 1 porro
- 5 foglioline di menta
- sale
- pepe

Nutraceutici

Calcio
Fosforo
Potassio

Rubata dalla mia rivista di cucina preferita

... cioè *Cucina Naturale*, che pubblica la mia rubrica «Tutti a tavola». Una ricetta veloce che ho voluto rivisitare sfruttando della spremuta di pompelmo che mi era avanzata in casa, ovviamente di quelle 100% frutta e non zuccherate.

Salmone con yogurt e capperi

Prendete una pentolina antiaderente e rovesciatevi 2 bicchieri di spremuta di pompelmo.
Unite i filetti di salmone, con la pelle rivolta alla padella, e cospargetene la superficie con rametti di timo e prezzemolo. Fate cuocere a fuoco alto per una decina di minuti circa.
Come occupiamo questi dieci minuti? Preparando la salsina allo yogurt che accompagnerà il pesce: in un robot mettete yogurt, capperi, porro, menta, sale, pepe nero e azionate il motore! In 15 secondi la salsina è pronta per essere servita. Controllate la cottura del salmone e, se volete, rigiratelo dall'altro lato.
Servitelo caldo con la salsina di yogurt a temperatura ambiente.

14 giugno

Ghiaccioli al succo di mela

Stefania ha scritto al blog: «Sperando che arrivi l'estate, ci prepariamo a una sana merenda!» e ha proposto i suoi ghiaccioli. Semplicissimi: diluite 200 ml di succo di mela in 100 ml di acqua e distribuite negli appositi stampini. Riponete in freezer per almeno una notte e... gustate! Buona merenda a voi come ai bimbi di Stefania!

20

giugno

Timballo di riso integrale al pesto verde con pomodorini

Ecco la ricetta di Serena, una fan del mio *Tesoro, salviamo i ragazzi!* che ha partecipato e vinto il concorso indetto da FoxLife. Una ricetta semplice ma molto gustosa e bellissima a vedersi, ideale per una cena tra amici, dove lo stupore non mancherà!

Fate saltare i pomodorini tagliati a metà o in 4 in padella con l'aglio, un po' d'acqua e un cucchiaino di olio extravergine di oliva. Cuocete il riso integrale insieme ai broccoletti prestando attenzione al tempo, infatti dovrete aggiungerli circa 8-10 minuti prima della fine della cottura. Scolate il riso, togliete i broccoletti e passateli nel mixer insieme alle foglie di basilico e un cucchiaino di olio. Condite il riso con questo pesto verde e mettetelo in stampini da budino, anche quelli di alluminio usa e getta vanno benissimo, anzi sono comodi da sformare. Rivoltate gli stampini sul piatto e servite subito i timballini con i pomodorini già saltati.

Ingredienti

- 200 g di riso integrale
- 1 porro
- 200 g di broccoletti
- 1 ciuffo di basilico fresco
- 300 g di pomodorini ciliegia
- 1 spicchio di aglio
- 2 cucchiai di olio extravergine di oliva

Nutraceutici

Ferro
Fibre
Licopene

21

giugno

Dolceinsalata (sì, tutto attaccato...)

Ecco un'insalata consigliatami da un'amica e grande appassionata dei *Magnifici 20*, una tra le prime ad aver apprezzato con belle parole il mio blog. Come tutte le ricette, l'ho rivisitata (non riesco a non farlo...) per renderla un poco mia!
La condivido sperando che possa diventare una vostra ricetta per i mesi estivi... e magari anche quelli autunnali!

Insalata di rucola, cipolla e fave

Ingredienti

- 150 g di rucola
- 100 g di fave fresche
- 2 cipolle rosse
- 1 manciata abbondante di uva sultanina
- 1 bustina di zafferano
- 2 manciate di olive verdi denocciolate
- 1 limone
- olio extravergine di oliva
- 1 manciata di pinoli
- sale

Prendete la rucola e spezzatela con le dita... regalerete ancora più aroma. Affettate le cipolle rosse molto sottilmente e unitele alla rucola. Sbollentate le fave in acqua e zafferano per circa 7-10 minuti. Scolatele e lasciatele raffreddare, quindi unitele alla rucola e alle cipolle. Adesso aggiungete l'uva sultanina, i pinoli e le olive verdi denocciolate e condite con olio e il succo di limone. È pronta... potete anche servirla con una salsina acida allo yogurt.
Prendete nota di questa ricetta e riproponetevela in autunno/inverno, usando fave in scatola o surgelate: con le infiorescenze di cavolfiore leggermente sbollentate è qualcosa di speciale!

Nutraceutici

Fibra
Fosforo
Potassio
Vitamina C

23

giugno

Ho provato questa insalata a pranzo, in un bar vicino allo studio del mio programma *In linea con Marco Bianchi*. Da quel momento è spesso presente nelle mie proposte e sempre ben accolta.

Insalata di cetrioli e cipolle rosse

Ingredienti

- 2 cipolle rosse
- 1 scatola di fagioli di Spagna
- 4 cucchiai di olio extravergine di oliva
- 2 cucchiai di sesamo
- 1 cucchiaio di aceto
- 1 cucchiaio di miele
- 3 cetrioli medi
- pepe

Nutraceutici

Antocianine
Calcio
Fibre
Potassio
Vitamina C

Come prima cosa preparate il condimento miscelando sesamo tostato con olio, aceto e il cucchiaio di miele.
Adesso tagliate molto finemente le cipolle e lasciatele marinare con la salsina per circa 30 minuti e anche più.
Durante la marinatura delle cipolle affettate i cetrioli senza sbucciarli. Sgocciolate ora dalla loro confezione i fagioli di Spagna, risciacquateli sotto acqua corrente e uniteli alle cipolle.
Impiattate riunendo tutti gli ingredienti e pepate... Una vera squisitezza dal forte sapore!

Nella mia cucina-laboratorio a *In linea con Marco Bianchi*

luglio

03

luglio

Ingredienti

- 3 zucchine
- 150 g di caprino
- 4 limoni
- 1 ciuffo di prezzemolo
- 5 pomodori secchi
- 1 manciata di capperi sottaceto
- olio extravergine di oliva
- 2 cucchiai di pane grattugiato
- 1 scalogno

Nutraceutici

Calcio
Composti solforati
Fibra
Fosforo
Potassio

Rotolino del vegetariano

Un involtino così sano, ma colorato e saporito, non l'avete mai assaggiato! Un consiglio: affettate la zucchina con un pelapatate, perché è un modo semplice e rapido per ottenerne il giusto spessore. Per un'alternativa autunnale/invernale utilizzate la zucca. Anche lei tagliata con il pelapatate!

Affettate le zucchine con un pelapatate e mettetele in una terrina con il succo di limone, i capperi tritati e il prezzemolo tritato al momento. Lasciate marinare per circa 3 ore al fresco. Nel frattempo datevi da fare con il ripieno: frullate insieme il caprino, i pomodori secchi, lo scalogno e il pane grattugiato.
Sgocciolate quindi le zucchine marinate e deponetevi al centro un cucchiaio del composto dal ricco sapore. Arrotolatele e servitele con un'emulsione di olio extravergine di oliva e del succo di limone con capperi e prezzemolo rimasto nella terrina.

Ho organizzato un contest tra amici, tema: naturalmente, i *Magnifici 20*! Ciascuno doveva cucinare qualcosa di molto magnifico e... sono veramente stati bravissimi, tutto buono e ben curato. Che amici magnifici! Bravi Jean Paul, Nico, Goodson, Giko, Luke, Tom, Barbara, Vero, Paolo e ovviamente brava Veru (e bravo Jean, che per la prima volta hai mangiato le melanzane: le polpette nascono proprio per ingannare i più difficili alle verdure, te compreso).

06

luglio

Carciofi con miglio

Alla faccia di chi considera il miglio cibo per canarini... Basta con queste sciocchezze, che può dire solo chi non conosce il miglio e soprattutto questa ricetta così sfiziosa, veloce, adatta per un antipasto se si utilizzano dei carciofi piccini, o come primo piatto, anche da asporto.

Pulite i carciofi e sbollentateli fino a renderli «inforchettabili», cioè quasi morbidi. Nel frattempo tritate il prezzemolo con aglio e peperoncini dolci. Cotti i carciofi, toglieteli dalla casseruola e cuocete il miglio, possibilmente sfruttando la stessa acqua dei carciofi e aggiungendone di nuova se necessario. Per 1 tazza di miglio ne serviranno circa 2 di liquido, che cuocendo verrà assorbito insieme ai preziosi sali minerali che contiene.
Impastate il miglio cotto con il trito di prezzemolo, aglio e peperoncini, aggiungete l'olio, il sale, il pepe e impastate ancora. Farcite i carciofi con questo impasto e cuocete in forno alla massima temperatura per circa 15-20 minuti. Divorateli soltanto quando avranno aggiunto la temperatura ambiente.

Ingredienti

- 12 carciofi grandi o 20 piccoli
- 150 g di miglio
- 1 ciuffo di prezzemolo
- 2 spicchi di aglio
- 4 peperoncini dolci
- 3 cucchiai di olio extravergine di oliva
- sale
- pepe nero

Nutraceutici

Ferro
Fibra
Magnesio
Potassio

07

luglio

Spaghettini integrali con melanzana e mango

Una strana combinazione di sapori, assaggiata per caso a un aperitivo. In quel bio-bar mi è stato proposto un involtino di melanzana grigliata con all'interno una farcia di mango tagliato a cubettini e impastato a ricotta speziata (alla menta e chissà cos'altro)... Be', così facendo vi ho fornito una seconda ricetta, anche se oggi vorrei proporvi questi spaghettini!

Tagliate la melanzana a cubetti piuttosto piccoli e stufateli in padella con un pochino di acqua e l'aglio. Nel frattempo tagliate il mango, anch'esso a cubetti, e aggiungetelo alla melanzana ormai ammorbidita. Lasciate insaporire per circa 5 minuti, condite con olio extravergine di oliva e spegnete il fuoco. Cuocete gli spaghettini integrali (al dente, mi raccomando: saranno ancora più digeribili e ridurranno il picco glicemico!) e conditeli con il sughetto appena cucinato. Aggiungete prezzemolo spezzettato a mano e servite.

Ingredienti

- 280 g di spaghetti integrali
- 1 grossa melanzana
- 1 mango di piccole dimensioni
- 6 cucchiai di olio extravergine di oliva
- 3 o 4 spicchi di aglio
- 2 gambi di prezzemolo
- sale

Nutraceutici

Antocianine
Carotenoidi
Fibre
Vitamina A
Vitamina C

10
luglio

Ingredienti

- 80 g di sedano
- 20 g di mandorle
- 20 g di pinoli
- 1 o 2 spicchi di aglio
- 1 cucchiaione di ricottina magra morbida (circa 80-110 g)
- 5 cucchiai di olio extravergine di oliva o di mais
- 1 pizzico di sale grosso

Nutraceutici

Calcio
Fosforo
Fibre
Grassi insaturi
Polifenoli

Ingredienti per 2-3 persone

- 2 melanzane
- 1 cucchiaio da tavola abbondante di pinoli
- 2 pomodori secchi
- olio extravergine di oliva
- 4 cucchiai di parmigiano reggiano grana
- sale
- origano
- basilico

Nutraceutici

Antocianine
Folati
Fosforo

Ecco tre condimenti alternativi semplici da preparare per sostituire il pesto di lattuga, di rucola o quello classico. Non ne rimarrete delusi! Provare e cucinare per credere... Per il pesto di melanzane, grazie ad Assunta; per quello di salvia, grazie a Nelly!

Pesto di sedano

Lavate e asciugate le foglie di sedano. In una padellina tostate leggermente mandorle e pinoli.
Nel mixer mettete quindi le foglie di sedano, l'aglio, le mandorle, i pinoli, il sale grosso e 4 cucchiai di acqua.
Mentre il mixer fa il suo lavoro, aggiungete l'olio e la ricotta magra. Regolate di sale e di cremosità, aggiungendo un pochino di acqua, e condite la pasta!

Pesto di melanzane

Mettete a bagno i pomodori secchi; nel frattempo grigliate le melanzane intere con tutta la buccia su una bistecchiera di ghisa. Una volta cotte, bucherellate la buccia qua e là (nel frattempo, abbrustolendosi, le melanzane si sono ammorbidite) e fatele sgocciolare. Spellatele, private la polpa ricavata dei semi e tritatela nel mixer insieme ai pomodori precedentemente ammollati, ai pinoli, all'origano e ad alcune foglie di basilico.
Fuori dal mixer unite il parmigiano e aggiungete l'olio. Con questo pesto condite la vostra pasta.

Pesto di salvia

Lavate e asciugate bene le foglie di 2 mazzetti di salvia. Mettetele nella tazza del mixer con 1 busta di pinoli, 40 g di parmigiano, 1 spicchio d'aglio e 100 ml di olio extravergine di oliva. Frullate. Ottimo per condire i ceci lessati!

E per completare l'«antologia di pesti», ecco quello di spinaci novelli, con pomodorini secchi, noci, caprino, germe di grano e olio profumato all'aglio.

Minestra fredda di pomodoro

14

luglio

Ideale per una serata estiva sia come primo piatto, sia servita in bicchierini per l'aperitivo. Il mio consiglio? Abbondate, cari maschietti: aiuta a restare giovani da ogni punto di vista, incluso il mantenimento in salute della nostra prostata.
Io l'adoro così come ve la propongo, ma potrete optare per mille variabili almeno...

Tagliate i pomodori a tocchetti. Spero vivamente per la buona riuscita del piatto che li abbiate trovati ben maturi, ma vista la stagione non dovrei aver troppo timore, vero?
Tagliate adesso il peperone rosso, uno dei due cetrioli, la cipolla rossa di Tropea e i peperoncini verdi dolci.
Bene, frullate tutti questi ingredienti insieme, previa aggiustatina di sale e pepe, con il succo del limone e l'olio. Mentre il robot sta lavorando per voi, impegnate i 5 minuti a disposizione dadolando il cetriolo messo da parte. Se volete, non sbucciateli: la buccia è ricca di sali minerali importanti.
La minestra è pronta! Servitela con foglioline di basilico spezzettate con le mani e qualche cubetto di cetriolo appena tagliato, e, se volete, qualche goccia di tabasco o noce moscata grattugiata al momento.
È di rigore gustarla a temperatura ambiente e non ghiacciata o fredda di frigorifero.

Ingredienti

- 1 kg di pomodori ben maturi (rossi rossi)
- 2 cetrioli
- 2 cipolle rosse di Tropea
- 2 peperoncini verdi dolci
- 1 grosso peperone rosso
- 1 limone
- 1 mazzetto di basilico
- 6 cucchiai di olio extravergine di oliva
- sale
- pepe
- tabasco
- noce moscata

Nutraceutici

Fosforo
Licopene (carotenoide)
Potassio
Vitamina C

15

luglio

Frittata di ceci con cipolle

Una frittata senza uova? Si può ed è ancora più salutare, proteica e priva di grassi saturi. La proposi a Elisa e Giovanni, fratelli toscani e protagonisti di una puntata del mio docu-reality Tesoro, salviamo i ragazzi!, come imbottitura di panini per la gita all'Isola d'Elba. Malgrado durante la preparazione fossero molto diffidenti, ne rimasero stupiti e la divorarono.
Un paio di sere a settimana la preparo e se avanza (capita poche volte...) il giorno dopo è comunque molto buona.
Classica con le zucchine, fagiolini e asparagi o nella versione che adoro, cipolle e curry, è comunque sempre un gran successo. Accompagnatela a spremuta di arancia rossa non zuccherata in modo da assimilare al massimo il ferro contenuto nei ceci!

Prendete una tazza di farina di ceci (una tazza da circa 500 ml è ideale per una frittata per 4 persone e una padella di 25 centimetri) e due tazze di acqua tiepida, e con una frusta di acciaio o un frullatore a immersione emulsionate per bene. Tutta la farina si deve sciogliere nell'acqua senza formare grumi. Aggiungete il sale, il pepe nero, il curry e un paio di cucchiai di olio extravergine di oliva. Mescolate ancora e lasciate riposare per circa una decina di minuti. Nel frattempo prendete le due cipolle e affettatele finemente. Aggiungetele all'impasto e versate nella pentola antiaderente che avrete messo sul fuoco oliata con extravergine. La pentola deve essere molto calda! Versate, dicevo, e fate cuocere per circa una decina di minuti per lato. Potreste anche optare per la versione al forno: in questo caso non dovrete preoccuparvi di girare la frittata! Tagliate a quadrotti e servite tiepida.

Ingredienti

- 1 tazza di farina di ceci
- 2 tazze di acqua tiepida
- 2 cipolle
- 3 pizzichi di sale
- 1 pizzico di pepe nero
- ½ cucchiaino di curry
- olio extravergine di oliva

Nutraceutici

Acidi grassi insaturi
Ferro
Fibre
Folati
Vitamine B

19

luglio

Ingredienti

- 400 g di filetto di rana pescatrice
- 4 filetti di acciuga sottolio extravergine di oliva
- 100 g di tofu
- 2 spicchi di aglio
- 10 pomodorini ciliegia
- 200 g di farina fioretto
- 1 peperone rosso
- 2 cucchiai di concentrato di pomodoro
- timo
- 6 cucchiai di olio extravergine di oliva
- sale

Nutraceutici

Calcio
Ferro
Potassio
Vitamina C

Polpettine di pesce con crema di peperoni

Ecco la ricetta che la signora Veronica mi ha passato da provare. Veronica è una fan dei Magnifici 20 conosciuta al Salone del Libro di Torino. Come capita spesso con le ricette che mi suggeriscono, ho voluto metterci mano e l'ho fatta mia. Buonissima comunque e... Grazie ancora! Spero piaccia a tutti come piace a me.

In una padella antiaderente riunite la rana pescatrice con i pomodorini, l'aglio e le acciughe. Fate saltare qualche minuto fino a cottura e totale evaporazione dell'acqua. Togliete dal fuoco e lasciate raffreddare.
Il protagonista per questa seconda parte di ricetta è il robot da cucina. Frullate il pesce salato con i pomodorini insieme al tofu e aggiustate di sale se necessario. In pochi secondi il vostro impasto è pronto. Formate delle polpettine che schiaccerete con le mani prima di passarle nella farina fioretto. Nebulizzatele con olio e infornatele alla massima temperatura per circa 25 minuti, rigirandole a metà cottura.
Nel frattempo frullate il peperone con l'olio, il concentrato di pomodoro e i rametti di timo fresco.
Servite le polpettine con questa salsa. Se la preferite più densa e corposa, aggiungete al mixer 2 cucchiai di yogurt greco senza grassi!

28 luglio

L'insalata di Monia

Monia è uno dei «miei» pazienti autori... Lo è stata per Tesoro, salviamo i ragazzi! e per In linea con Marco Bianchi. Ha due bimbe splendide che sono di esempio per quanto mangiano bene! Tra i piatti che Monia prepara, una ghiotta insalata all'avocado che ho ovviamente rivisitato colorandola ancora di più...

Ingredienti

- 5 cuori di carciofo
- aceto di mele
- 1 avocado maturo
- 2 lime
- 2 mele Granny Smith
- pepe nero
- sale

Nutraceutici

Ferro
Omega 3
Potassio

Insalata di avocado e carciofi

Pulite i carciofi ricavandone solo i cuori. Tagliateli prima a metà e quindi iniziate ad affettarli finemente. Adagiateli nel piatto e bagnateli con qualche cucchiaio di aceto di mele. Sbucciate l'avocado e riducetelo a cubetti. Fate lo stesso con la mela verde, senza sbucciarla. Aggiungete il tutto ai carciofi e quindi condite con succo di lime, sale e pepe nero. Non aggiungiamo olio perché l'avocado è già ricco di grassi (buoni).

29

luglio

Ingredienti

- 300 g di ricotta
- 100 g di mirtilli
- 100 g di lamponi
- 100 g di mandorle a scaglie
- 2 cucchiai di malto d'orzo

Nutraceutici

Calcio
Polifenoli

Ricotta ai lamponi e mirtilli

Ricordi AIRC... Invitato alla *Prova del cuoco* durante la «Settimana del buono spesa di AIRC», l'associazione per la ricerca sul cancro, eccomi a preparare insieme allo chef Marco Bottega un dolce di ricotta e frutti di bosco... rapido, fresco e colorato, oltre che salutare: grassi bilanciati e tante molecole fitochimiche importanti, tra cui le antocianine e l'acido ellagico, considerato dal mondo scientifico utile nella prevenzione dei tumori. Interferisce infatti con il loro sviluppo perché evita la trasformazione delle sostanze cancerogene in agenti tossici per le cellule.
Nel lampone l'acido ellagico è presente al 90% nei semi, nelle fragole solo nella polpa. Per quanto riguarda i mirtilli, contengono la delfinidina, capace di «bloccare» l'attività di una particolare molecola che solitamente facilita la crescita dei tumori formando loro intorno una nuova rete vascolare.
Una ricetta simile l'ho proposta nel programma *In linea con Pinocchio*, tre settimane di appuntamenti salutari su Radio Deejay con Pina e Diego.

Setacciate la ricotta e con una spatola raccogliete la crema ottenuta in una ciotola. Aggiungete i 2 cucchiai di malto d'orzo, incorporandoli delicatamente. Preparate 4 coppette e disponetevi sul fondo i mirtilli, poi la crema e infine i lamponi e le mandorle a scaglie. Il bravo chef Bottega ha utilizzato soltanto i lamponi, ma con i mirtilli è davvero sublime! Se non gradite le mandorle, provate con le nocciole tritate o un mix di nocciole e pistacchi.

A proposito di pistacchi. Ottimi in cucina se sminuzzati (il tritatutto è benedetto in queste occasioni) in una base di ricotta con cacao amaro e un paio di cucchiai di miele o di zucchero a velo vanigliato. Oppure sotto forma di salsa al pistacchio, in una ricetta suggeritami dall'amica Taty. L'ho provata sia sui crostini di pane integrale sia per condire la pasta alla quinoa... eccezionale in entrambi i casi! Davvero semplicissima da preparare, è un pesto ai pistacchi: tritate 50 g di pistacchi salati e sgusciati, unite due grossi cucchiai di grana grattugiato, un pizzico di pepe nero ed emulsionate con olio extravergine di oliva (circa 80 ml).

Al Giffoni Film Festival...

Guglielmo Scilla e io riceviamo lo Happiness Award.

agosto

04

agosto

Ingredienti

- 2 mele
- 2 pere
- 1 manciata di uvetta
- succo di mela
- 1 cucchiaino di cannella in polvere
- zucchero integrale di canna mascobado

Nutraceutici

Fibra
Potassio

Crema di mele, pere, uvetta e cannella

Un'altra ricettina, fresca, veloce ma piena di gusto, che ho proposto nel mio programma in onda su FOXlife *In linea con Marco Bianchi*.

Cuocete in poca acqua mele e pere (intere o a pezzi) fino ad ammorbidirle. Lasciatele raffreddare e nel frattempo mettete in ammollo l'uvetta in una ciotola con succo di mela oppure acqua tiepida.
Eliminate la buccia di mela e pera (magari mangiatela a parte o durante...) e radunate la polpa di entrambi i frutti in una ciotola. Con una forchetta riducetela a purea. Servite con zucchero di canna mascobado, abbondante uvetta ammorbidita e cannella.

07

agosto

Ingredienti

- 250 g di farina 0
- 150 g di farina di mais fioretto
- 500 g di mele
- 200 ml circa di latte di mandorla
- 40 g di zucchero mascobado
- 3 cucchiai di uvetta ammorbidita in acqua tiepida o in succo di mela
- 1 limone
- 1 panetto di lievito fresco

Nutraceutici

Calcio
Ferro
Fibra
Potassio

Focaccina di mele

Una ricettina strana: si tratta infatti di una focaccina dolce preparata con farina di mais. Ottima a colazione per il giusto pieno di energia da utilizzare nella mattinata, e fantastica nel pomeriggio per il doposcuola! Se non andate a scuola, va benone come dolce del dopocena, anche se non sempre dovremmo finire in dolcezza! Impariamo a consumare meno dolci, è salute garantita...

Sciogliete il lievito di birra nel latte di mandorla leggermente intiepidito; aggiungete quindi le farine e lo zucchero. Impastate bene e formate una palla che lascerete lievitare al calduccio per 1 ora. Nel frattempo tagliate le mele conservandone la buccia (previo accurato lavaggio), tagliatele a cubetti e bagnatele con il succo del limone.
Aggiungete all'impasto lievitato le mele, l'uvetta ammorbidita e l'olio di mais. Stendetelo in una teglia e lasciatelo lievitare ancora per 30 minuti circa. Infine, cuocetelo in forno a 200° per una trentina di minuti.
Se vi è piaciuta ma ne avete avanzato un pezzetto, biscottatelo passandolo nuovamente al forno per 5 minuti a 220°. Sarà croccante ma sempre gustosa!

Paccheri con alici, crescione e pinoli

08

agosto

Questa ricetta mi fa davvero impazzire e il giorno dopo, saltata in padella fino a doratura, è qualcosa di veramente «estremo»... La consiglio anche nella versione-pomodoro, qualora si avesse in casa della salsa di pomodoro avanzata. Per la scelta della pasta, sono ottimi i paccheri, ma ognuno può optare per la sua preferita; solo, vi prego: preferitela integrale, è buona e più sana.

Cuocete la pasta e nel frattempo fate saltare in padella il crescione tagliato grossolanamente con le forbici, l'aglio, l'olio e 2 cucchiai di acqua di cottura della pasta. Appena appassito il crescione, aggiungete le alici sgocciolate, i pomodori secchi e i pinoli.
Fate saltare i paccheri con questo delizioso condimento e leccatevi i baffi...

Ingredienti

- 280 g di paccheri integrali
- 8 alici sott'olio
- 2 spicchi di aglio
- 200 g di crescione
- 6 pomodori secchi
- 1 manciata di pinoli
- olio extravergine di oliva

Nutraceutici

Calcio
Fibra
Fosforo
Omega 3

10

agosto

Ingredienti

- 6 pannocchie di mais fresche
- 500 ml di acqua (circa)
- 6 cucchiai di olio extravergine di oliva
- 200 g di feta o quartirolo lombardo
- sale
- 2 melanzane
- 500 ml di salsa di pomodoro
- 3 spicchi di aglio
- ½ cucchiaino di zucchero
- origano

Nutraceutici

Antociani
Fosforo
Licopene (carotenoidi)
Potassio

«Polenta» fatta in casa con spezzatino di melanzane

Quando ho scoperto e provato questa ricetta ne sono rimasto entusiasta. Servono soltanto delle belle pannocchie fresche, acqua, sale e della buona feta o quartirolo lombardo e non troppo stagionato, dovrà essere leggermente acidulo... Ultimi ingredienti: melanzane e pomodoro! Allora? Cosa state aspettando? Da provare subito...

Iniziate preparando le melanzane al sugo. Tagliatele a cubetti e mettetele in padella con la salsa di pomodoro, l'aglio e l'olio extravergine di oliva, il sale e lo zucchero. Fate cuocere per 20 minuti.
Nel frattempo con un grande coltello e impugnando le pannocchie verticalmente, sgranatele prelevando i chicchi. Alcuni si sgretoleranno, altri rimarranno integri. Metteteli in una casseruola e copriteli di acqua; salate leggermente e portate a bollore. Cuocete per circa 20 minuti, frullate e continuate a cuocere per altri 10 minuti, mescolando in continuazione.
Aggiungete 3 cucchiai di olio extravergine di oliva e il formaggio sbriciolato a mano. Mescolate e mantecate a fuoco spento.
Impiattate con in cima le melanzane al sugo, alle quali avrete aggiunto all'ultimo una generosa manciata di origano.

Mi piace da morire la feta, ma molto spesso la sostituisco con quartirolo lombardo stagionato.

Cenetta etnica: gazpacho, sushi vegetariano, piadina di kamut all'olio extravergine di oliva, polpettine di melanzane, salsa guacamole e humus di ceci.

Gazpacho

Sbucciate e tritate finemente aglio e cipolle e metteteli in una ciotola. Tagliate a pezzetti i peperoni e uniteli al trito. Sbollentate i pomodori in acqua bollente salata per circa 5 minuti, quindi pelateli e frullateli. Sbucciate i cetrioli e affettateli sottilmente. Unite anche queste verdure al trito.
Spruzzate il tutto con del tabasco, il succo di limone e olio extravergine di oliva. Mescolate bene, salate e pepate.
Lasciate in frigorifero per un paio d'ore prima di servire. Quindi, portate in tavola e accompagnate con crostini di pane al sesamo.

Come aperitivo da servire in bicchierini, come antipasto sul pane tostato o come condimento per della pasta fredda... insomma, per tutti i gusti, ecco il mio mitico gazpacho. L'ho preparato insieme a humus di ceci con piadina di kamut all'olio extravergine di oliva, polpettine di melanzane, salsa guacamole e sushi veg (asparagi, carote, cetriolo, avocado) per una cenetta etnica in giardino.

Dall'avanzo del sushi veg, il giorno dopo, mi ritrovo 3/4 di avocado. L'ho frullato con 2 cucchiai di yogurt greco, uno spicchio di aglio e mezza cipolla bianca, un cucchiaio di aceto di mele e due pizzichi di pepe nero: ecco una gustosa salsa per condire insalate o farcire tramezzini... semplice ma sfiziosa e ricca di sapore!

Ingredienti

- 800 g di pomodori maturi
- 2 cipolle
- 2 peperoni
- 2 cetrioli
- 1 spicchio di aglio
- 5 cucchiai di olio extravergine di oliva
- il succo di ½ limone
- sale
- pepe
- tabasco

Nutraceutici

Carotenoidi
Polifenoli
Potassio
Selenio
Vitamina C

18

agosto

Ingredienti

- 1 avocado maturo
- 1 mazzetto di cipollotti
- 300 g di sgombri affumicati sott'olio (extravergine di oliva)
- 200 g di pomodori datterini
- il succo di 1 limone
- 1 ciuffo di prezzemolo
- un paio di cucchiai di olio extravergine di oliva
- sale
- pepe

Nutraceutici

Acidi grassi insaturi
Calcio
Fosforo
Potassio
Proteine
Rame
Sodio
Vitamina B3

Sformato di avocado e sgombro

Sono tanti i nutraceutici presenti in questo sfizioso secondo piatto, ma vorrei attirare l'attenzione sull'avocado che, malgrado sia un frutto, in cucina viene considerato come un grasso. Infatti è ricco (dal 10% al 35%) di grassi insaturi Omega-3 e linoleico. Contiene inoltre fitonutrienti tra cui potenti antiossidanti, capaci, secondo alcune ricerche americane, di allontanare e ridurre l'insorgenza di tumori della bocca. Ricco anche di vitamina A ed E, aiuta a mantenere la nostra pelle giovane e sana. Dalle ultime ricerche è emersa anche la sua capacità di tenere a bada l'assorbimento del glucosio: è quindi un alleato per i diabetici.

Mondate i cipollotti e tagliateli a rondelle sottilissime. Tagliate i datterini in 4 e riuniteli in una ciotola insieme ai cipollotti. Pulite l'avocado e tagliatelo a cubotti che metterete in una ciotolina, versandoci sopra il succo del limone.
È il momento di preparare la teglia da infornare: per prima cosa accendete il forno a 200 °C. Nella teglia, rivestita con carta da forno, disponete i pomodorini con i cipollotti, quindi adagiatevi sopra gli sgombri e infine l'avocado con il succo di limone. Salate, pepate e aggiungete se necessario un paio di cucchiai di olio extravergine di oliva. Infornate per 20 minuti. Nel frattempo tritate il prezzemolo.
Sfornate, spolverizzate con il prezzemolo e servite ben caldo.

19

agosto

Gelato «Senza»

Ecco la ricetta che tanto attendevo! Grazie mille a Desirée, che l'ha mandata al mio blog... È un'offerta golosa, fresca e sana sia per bimbi sia per grandicelli. Con i frutti di bosco è qualcosa di spaziale... Io l'ho preparato anche con pesca e albicocca.

La parola a Desirée: «Un golosissimo, sano, veloce, supercremoso gelato SENZA grassi, zuccheri, coloranti, conservanti, additivi, addensanti... SENZA tante calorie e SENZA usare la gelatiera! Semplicissimo e sempre a disposizione... servono solo frutta fresca, sacchettini-gelo, un contenitore alto di plastica morbida e con il manico, un cucchiaio di legno e un frullatore a immersione. Le dosi sono per 4 palline.
Tagliare una banana a fette e metterla in un sacchetto gelo, tagliare una porzione di frutta a vostra scelta e metterla in un altro sacchetto gelo e lasciare in freezer per almeno 3 ore... io preferisco avere nel freezer una scorta di frutta di vario genere per non esserne mai sprovvista!
Estrarre i sacchetti dal freezer, batterli con un pestello, aprirli e versare la frutta nel bicchiere del mixer.
Azionare il frullatore e cominciare a dare cremosità al vostro gelato.
Vi consiglio di fermarvi ogni tanto per mantecarlo con un cucchiaio di legno: vi accorgerete così se ci sono ancora pezzi di frutta congelati.
Frullare fino a che il prodotto diventa totalmente liscio e cremoso.
Un gelato perfetto per chi è a dieta e per le mamme che non riescono a far mangiare la frutta ai loro bimbi!»

21

agosto

Melanzane passe

Ricetta splendida quando non sapete cosa preparare e soprattutto se avete altro da fare!

Tagliate le melanzane per il lungo, formando dei grossi spicchi. Adagiateli sulla teglia rivestita con carta forno e oliate leggermente la superficie, aggiungete quindi un pizzico di sale, cumino, paprika dolce. Infornate e fate cuocere alla massima temperatura fino a renderle morbide. Ci vorranno circa 30 minuti.
Potete anche optare per cuocerle tagliandole soltanto a metà e adagiando la parte della polpa sulla teglia.
Una volta ammorbidite, conditele con un'emulsione di olio extravergine di oliva, cumino, paprika dolce e sale.

Ingredienti

- 2 melanzane
- cumino
- paprika dolce
- extravergine di oliva
- sale

Nutraceutici

Fibre
Folati
Fosforo
Potassio
Sodio

24

agosto

Vellutata al papavero e salvia

Tre aggettivi: profumata, colorata e semplice.
La mia vellutata è squisita a temperatura ambiente e ottima anche congelata e scongelata per la serata del «non so cosa cucinare».

In una casseruola mettete circa 400 ml di acqua fredda, i piselli secchi, le patate con la buccia tagliate a pezzetti, il finocchio. Portate a bollore, salate e fate cuocere per circa 30 minuti.
Frullate tutto; otterrete una crema liscia piuttosto densa. Se la desiderate più liquida basta aggiungere un poco di acqua tiepida. Servite cospargendola con i semi di papavero e la salvia resa leggermente croccante in padella con olio per 2 minuti...

P.S.: La salvia è un vero afrodisiaco femminile! L'importante è consumarla abbinata all'olio extravergine di oliva, altrimenti non saranno assorbite le sostanze utili, antispastiche e stimolanti. Ricordate dunque, cari maschietti cuochi, di proporla a San Valentino alle vostre amate!

Ingredienti

- 70 g di piselli secchi
- 2 patate a pasta bianca
- 1 finocchio piccolo
- 8 foglie di salvia
- 2 cucchiai di semi di papavero
- 6 cucchiai di olio extravergine di oliva
- sale

Nutraceutici

Calcio
Ferro
Fibra
Fosforo
Potassio

28

agosto

Crema di carote e mandorle

Ingredienti

- 700 g di carote
- 3 cipolle
- 3 cucchiai di olio extravergine di oliva
- 8 foglie di salvia
- 80 g di mandorle
- sale
- noce moscata

Nutraceutici

Carotenoidi
Indoli
Potassio

Sarà il rientro dalle vacanze, sarà la voglia di iniziare bene il lavoro con il fisico pulito e in forma... Non lo so cosa sia, ma questa ricetta è veramente buona, molto leggera ma gustosa e profumata.

Pelate le carote e lavatele, poi tagliatele a pezzetti non troppo piccoli.
Mettetele in 1 litro di acqua sul fuoco a fiamma alta. Aggiungete fin da subito le mandorle, le cipolle, 2 pizzichi di sale e 4 foglie di salvia. Portate il tutto a ebollizione e fate sobbollire per 30 minuti. Togliete dal fuoco e frullate tutto. Aggiungete un pizzico di noce moscata e condite con olio. Servite la crema con il resto della salvia, spezzettata grossolanamente a mano.

I ricordi dell'estate...

La Hora feliz *dei* Magnifici 20

Arsura... sete pazzesca! Ecco il mio mojito salutare, senz'alcool ovviamente. Un bel bicchierone di pompelmo, 4 foglie di menta, ghiaccio e sciroppo di agave. Mescolate tutto insieme e possibilmente pestate un poco la menta con un pestello. Dissetante, fresco e strabuono!

settembre

Salse aromatiche

01

settembre

Già dosate e congelate, le erbe aromatiche sono eterne per fragranza e profumo; in frigorifero invece tendono a perdere le caratteristiche organolettiche. Ma esistono altri modi per conservarle. Ad esempio, un buon consiglio per sfruttare le proprietà del basilico è quello di condire i piatti con del buon olio extravergine di oliva al basilico. Come prepararlo?
Molto, molto semplice: immergete in 1 litro di olio 1 mazzetto di basilico fresco, lavato, asciugato e spezzettato (rigorosamente con le mani) e lasciatecelo per almeno 3 settimane. Successivamente, filtrate e ripetete con un nuovo mazzetto di basilico. Filtrate nuovamente, ed ecco pronto un olio di oliva alquanto profumato e ricco di proprietà nutrizionali interessanti!
Suggerisco anche una salsa al basilico a dir poco eccezionale per condire zucchine grigliate o farro lessato (l'ho proposta durante un picnic e ha avuto grande successo; ricordo di aver aggiunto anche dei dadini di formaggio quartirolo): tritate insieme 30 g di foglie di basilico, 30 g di pinoli e 5 cucchiai di olio extravergine di oliva con un pizzico di pepe nero.
La salsa all'erba cipollina dovete provare a immaginarla sui peperoni grigliati o in un'insalatina di radicchio e valeriana: spettacolare... Su una fiamma dolce, in un tegamino antiaderente, mettete 5 cucchiai di olio extravergine di oliva, 2 spicchi di aglio sminuzzati, erba cipollina fresca anch'essa tagliata molto sottile e cuocete per circa 10 minuti. Aggiungete 2 cucchiai di aceto balsamico, mescolate e lasciate raffreddare.
Ho inventato una salsa alla menta per esaurire un vasetto di olive verdi aperto da un paio di giorni e delle foglioline di menta (le ultime ormai) rimaste sulla mia piantina... Ottima per l'aperitivo su crostoni di pane integrale ai semi di girasole: passate al minipimer 100 g di olive verdi, 10 foglioline di menta e 3 cucchiai di olio di sesamo. Eccola pronta, aromatica, veloce e buonissima.
Si possono infine utilizzare le foglioline dell'origano per una salsa all'origano che risulta una vera chicca sulle melanzane grigliate, ma trova il connubio ideale su pomodorini ciliegia che avrete precedentemente inciso con un coltello (basta un taglietto di circa 1 centimetro) e cotto in forno per circa mezz'ora a 80°: frullate con il minipimer 5 cucchiai di olio extravergine di oliva, 1 cucchiaio di aceto di mele, un pizzico di sale e due di origano. Se la usate per condirle il giorno prima di mangiarle, le verdure saranno ancora più buone.

05

settembre

Ingredienti

- 280 g di riso Venere
- 1,5 l di brodo vegetale
- 400 g di fagioli borlotti lessati
- 2 scalogni
- curry
- sale
- olio extravergine di oliva

Nutraceutici

Calcio
Ferro
Fibra
Magnesio
Zinco

Risotto Venere ai borlotti

Per i suoi colori, farebbe pensare a un effetto un po' tetro, ma posso assicurare che questo risotto è buono e delicato, ricco di proteine (può essere considerato un piatto unico), fonte di fibre di quelle che faranno lavorare bene l'intestino e ancora di sali minerali importanti...

Fate rosolare in una padella antiaderente i fagioli borlotti insieme a scalogno, olio extravergine di oliva, sale e curry. Dopo circa 20 minuti spegnete la fiamma e occupatevi del risotto.
Mettete il riso Venere in una casseruola, copritelo di brodo vegetale (io lo preparo così: 2 cipolle, 1 gambo di sedano, 1 mazzo di prezzemolo, qualche foglia di salvia e 1 carota, un pizzico di sale o 1 cucchiaio di salsa di soia) e lasciate cuocere aggiungendo il brodo poco alla volta.
Ci vorranno circa 50 minuti. A metà cottura aggiungete i fagioli e quasi al termine della cottura procuratevi un frullatore a immersione e una ciotolina, prelevate un'abbondante mestolata di risotto e fagioli e frullatela. L'amido rilasciato servirà per mantecare il vostro risotto.
Mescolate tutto insieme e servite con olio extravergine di oliva a crudo.

Semi e frutta secca speziati

10

settembre

Questo particolare antipasto mi è stato suggerito un sabato mattina da una delle ragazze che lavorano al Carrefour vicino a casa. Ero nel reparto bio, ricco di cereali, alghe e semi, stavo per l'appunto riempiendo il mio cestino di semi con la «dose» mensile e lei mi ha chiesto cosa ne avrei fatto... Le risposi che li usavo per il pane, le insalate o come condimento nei dolci e lei mi propose questa alternativa.

Versate in un tegame antiaderente il cucchiaio di olio, il peperoncino, lo zenzero, la cannella e l'aglio. Tenete la fiamma bassissima e mescolate in continuazione. Allora? Che profumo sentite? Non finisce qui... Trascorsi 3 minuti circa, togliete dal fuoco e aggiungete i semi.
Rovesciate il contenuto del tegame sulla placca del forno rivestita e infornate per circa 10 minuti, fino a doratura, a 160° C.
Togliete dal forno, fate raffreddare e aggiungete la salsa di soia.
Divorateli, serviteli, fateli conoscere agli amici e se avanzassero riponeteli in un contenitore ermetico: per qualche giorno saranno come appena preparati.

Ingredienti

- 1 cucchiaio di olio extravergine di oliva
- 1 cucchiaino di peperoncino in polvere
- 1 cucchiaino di cannella in polvere
- ½ cucchiaino di zenzero in polvere
- 50 g di semi di sesamo
- 70 g di semi zucca
- 70 g di semi girasole
- 4 cucchiai di salsa di soia
- 1 spicchio di aglio

Nutraceutici

Calcio
Ferro
Fibra
Fosforo
Potassio

Eccomi ai fornelli per la mia nuova avventura televisiva: da questo mese inizieranno le mie incursioni al *Cristina Parodi Live* su La7!

Barchette di belga con crema di tofu e sesamo

Un antipasto sfizioso per la bella stagione: nutriente ma leggero. Continuo a riproporlo perché, malgrado il tofu non piaccia a nessuno... fatto così piace a tutti!
Recentemente l'ho servito anche come «condimento» per un'insalata di riso Venere.

Tostate i semi di girasole e i semi di sesamo in una padella antiaderente. Mondate l'insalata belga e selezionate le foglie più larghe e belle. Frullate nel mixer le olive insieme al tofu, all'aglio, ai capperi sottaceto, all'olio extravergine di oliva, alle acciughe e alla salsa di soia. Aggiungete la curcuma e i semi di girasole e sesamo e mescolate con un cucchiaio.
Riempite le barchette di insalata con la crema di tofu ottenuta e servite ben freddo. È ottima anche con qualche goccia di limone, spruzzata all'ultimo momento sulle barchette...
Potete anche scegliere di aggiungere i semi oleosi solo come decorazione invece di incorporarli alla crema. Il successo sarà certo comunque!

Ingredienti

- 150 g di tofu
- 200 g di insalata belga
- 50 g di olive nere denocciolate
- 50 g di capperi sottaceto
- 3 acciughe
- 1 spicchio di aglio
- 4 cucchiai di olio extravergine di oliva
- 2 cucchiai di salsa di soia
- 1 cucchiaio di semi di girasole
- 4 cucchiai di semi di sesamo
- 1 punta di cucchiaio di curcuma

Nutraceutici

Fibre
Folati
Fosforo
Potassio
Sodio

14

settembre

Ingredienti

- 3 melanzane
- 5 cucchiai di grana grattugiato
- 5 cucchiai di pane integrale grattugiato
- 1 mazzetto di prezzemolo
- 1 spicchio di aglio
- olio extravergine di oliva

Nutraceutici

Calcio
Ferro
Fibra
Magnesio
Zinco

Polpette di melanzane

Ecco le polpette di mia suocera Mirca: un tempo erano a base di carne trita, uova e prezzemolo, oggi di melanzane, aglio, prezzemolo e pane grattugiato integrale!

Prendete le melanzane e tagliatele in due. Infornatele su una teglia rivestita con carta forno per circa 30 minuti a 200° o poco più. La buccia dovrà raggrinzire e la polpa ammorbidirsi. Lasciatele raffreddare e svuotatele con un cucchiaio.
Riunite nel mixer la polpa raccolta con lo spicchio di aglio, 2 cucchiai di pane grattugiato, il formaggio grattugiato e il prezzemolo. Frullate e fate riposare il composto in frigorifero per circa 4 ore.
Ricavatene delle polpette e passatele nel resto del pane grattugiato. Disponetele sopra una teglia e oliatele in superficie nebulizzando olio extravergine di oliva. Infornatele a 250° per circa 30 minuti fino a doratura.
Sono ottime anche se congelate e riscaldate al momento.

Un pranzetto da leccarsi
i baffi organizzato
alla BES School di Milano.
Che ricordo splendido,
e quanto entusiasmo!

19 settembre

Pancarré con lievito madre

Il lievito madre: un impasto di farina, acqua e zucchero (si può usare anche il miele) che, mescolati tra loro e rinfrescati con costanza con nuova farina, fermentano spontaneamente aumentando di volume e consentendo quindi una «naturale» lievitazione. Stefania Groppetti ha spedito al mio blog questa ricetta... questo pancarré con lievito madre è stupendo! Scrive Stefania: «Io lo preparo, lo taglio a fettine con il coltello elettrico e poi lo congelo. La sera tiro fuori un paio di fettine dal congelatore e la mattina le tostiamo e le spalmiamo o con marmellata o con la tua meravigliosa nocciolata! Buona colazione a tutti!»
Credo che possa andar bene anche utilizzando il lievito classico e qualche accorgimento. Mille grazie per la preziosa condivisione...

«Mettete la pasta madre, la farina manitoba e 50 ml di acqua nella macchina del pane (o nel robot/impastatrice) e impastate una decina di minuti con il programma 'impasto lievitato'. Unite tutti gli altri ingredienti e impastate ancora per una decina di minuti. Lasciate lievitare (nella macchina del pane o in uno stampo da plumcake, magari sotto della carta da forno) per 4-5 ore e avviate poi il programma di sola cottura per 40 minuti, oppure infornate a 200° per 40 minuti)».

Ingredienti

Per il lievitino:
- 100 g di lievito madre
- 100 g di farina manitoba
- 50 g di acqua

Per l'impasto:
- 200 g di farina 00
- 300 g di farina integrale
- 1 cucchiaio di malto di orzo
- 40 g di olio extravergine di oliva
- 10 g di sale
- circa 400 ml di acqua

20 settembre

Una gita, la «schiscetta» della giornata o ancora una cena veloce per un lungo dopocena (cinema?), insomma tanti buoni motivi per gustare dei tramezzini dalla rapidissima e semplice preparazione.
Ecco la ricetta, che ho proposto anche in una puntata di *Tesoro, salviamo i ragazzi!*

Tramezzini con crema di tonno e fagioli cannellini

Frullate nel robot cannellini, tonno, olio, e regolate di sale e pepe. La mousse è già pronta! Difficile?
Tagliate finemente la cipolla rossa, spezzettate con le mani la lattuga e con tutto quanto imbottite i tramezzini. Buon pranzo!

Ingredienti

- Pane multicereali all'olio extravergine di oliva
- 450 g di fagioli cannellini lessati
- 150 g di tonno al naturale
- 4 cucchiai di olio extravergine di oliva
- 1 cipolla rossa
- lattuga
- sale e pepe

Nutraceutici

Antocianine
Calcio
Carotenoidi
Ferro
Fibra
Omega 3
Potassio

22
settembre

Ingredienti

- 400 g di cioccolato fondente 70%
- 600 ml di latte di soia
- 100 g di farina integrale
- 100 g di farina 0
- 100 g di fecola di patate
- 40 g di zucchero integrale di canna
- 1 bustina di lievito per dolci
- 1 pera matura
- 10 noci
- 2 cucchiai di cacao amaro in polvere
- 2 cucchiai di olio di mais
- 2 cucchiai di acqua tiepida
- 1 cucchiaio di zucchero vanigliato
- marmellata di albicocche
- 1 tazzina di caffè amaro
- la scorza di 1 arancia

Nutraceutici

Acidi grassi insaturi
Ferro
Polifenoli
Potassio

La mia goduriosa Sacher

La nostra amica Marian ha proposto sul mio blog la sua Sacher; ecco la mia versione, salutare e buona come la sua, anche se con ingredienti diversi.

Sacher Torte

Sciogliete a bagnomaria 200 g di cioccolato fondente con 100 ml di latte di soia. Frullate la pera con le noci e quindi unitevi la farina integrale con la fecola, la farina 0, lo zucchero, la bustina di lievito, 400 ml di latte di soia, il cacao amaro, i 2 cucchiai di acqua tiepida e i 2 cucchiai di olio di mais. Impastate per bene e aggiungete il cioccolato fuso a bagnomaria. Versate il composto in una teglia di silicone (quanto sono comode!) e cuocete per 30 minuti a 180° in modalità statico.
Una volta sfornata, lasciate raffreddare la torta per circa 2 ore, quindi tagliatela a metà e farcitela con la marmellata di albicocche; richiudetela e mettetevi ai fornelli per la copertura.
A bagnomaria sciogliete i rimanenti 200 g di cioccolato fondente con i rimanenti 100 ml di latte di soia, lo zucchero a velo vanigliato, la scorza dell'arancia e il caffè amaro. Una volta sciolto tutto, avrete creato un composto lucido e denso. Ricoprite la torta, bordo incluso, e mettetela in frigorifero per almeno 4 ore. Buon appetito, e prima di gustarla godetevi il rumore del coltello quando romperà la copertura fondente...

25

settembre

Focaccina integrale di Marco

Frequentando da anni ormai la Liguria (adoro tutto il golfo del Tigullio!) ho potuto conoscere alcuni trucchetti per produrre in casa propria una focaccia di tutto rispetto!

Unite le due farine con il lievito, i semi, il sale, lo zucchero e l'acqua e fatene un morbido impasto.
Fatelo lievitare per mezz'ora circa a temperatura ambiente e sotto un canovaccio. Stendetelo quindi in una teglia oleata molto ampia, ma senza arrivare ai bordi, perché, trascorse le prossime 3 ore circa di lievitazione, la grande teglia vi permetterà di stenderlo ulteriormente, così da ottenere una focaccia molto sottile. Lasciate lievitare nel forno appena tiepido (e spento!) per 3 ore.
Una volta trascorso il tempo della lievitazione, accendete il forno a 200° e cospargete la superficie della focaccia di foglie di salvia, rametti di rosmarino e sale grosso. In ultimo, versate sopra l'emulsione di acqua e olio. Prima di infornare, con le dita bagnate di acqua tiepida praticatevi i classici buchi in superficie. Cuocete per circa 20 minuti a 180°. Buona focaccia!

Ingredienti

- 300 g di farina integrale
- 200 g di farina 0
- 300 ml di acqua tiepida (calda)
- 1 panetto di lievito da 20-25g
- 2 cucchiaini di sale
- 1 manciata di semi di zucca, girasole e lino
- 1 cucchiaio di zucchero di canna
- sale grosso
- salvia e rosmarino

Per l'emulsione:
- 100 ml di olio
- 100 ml di acqua

Nutraceutici

Fibre
Fitoestrogeni

ottobre

06	Riso Venere con lenticchie e zucca
09	Cracker al sale nero e rosso
10	Pennette integrali con melanzane e mandorle
14	Plumcake al ribes rosso
15	Tartellette con marmellata
16	Polpette di broccoli e miglio
18	Maionese senza uova
21	Torta frolla golosa con fragole
29	Pasta alla cernia e merluzzo
30	Riso alle noci
31	Penne o cereali «giappo» al pesto di prezzemolo

06

ottobre

Ingredienti

- 300 g di riso Venere
- 300 g di zucca pulita
- 150 g di lenticchie lessate
- olio extravergine di oliva
- cipolla
- rosmarino
- sale
- pepe

Nutraceutici

Beta carotene o carotenoidi
Ferro
Fibre
Magnesio
Selenio
Zinco

Riso Venere con lenticchie e zucca

Buonissimo questo riso, come non potete immaginare... Se volete renderlo ancora più cremoso e vellutato, una volta cotto, mettetene da parte una tazza e frullatela con un frullatore a immersione, otterrete una crema che vi permetterà di mantecare il riso come mai avete fatto prima! Una vera bontà... Ovviamente è il re dei piatti unici, non voglio vedervi mangiare altro dopo!

Cuocete il riso in un quantitativo di acqua pari al doppio del suo peso (circa 600-700 ml). Salate poco e, dopo 15 minuti dall'ebollizione, aggiungete le lenticchie e il rametto di rosmarino. Proseguite la cottura per altri 20 minuti e quindi aggiungete la zucca, tagliata a dadini, e la cipolla affettata molto finemente.
Unite 2 cucchiai di olio extravergine di oliva e servite mantenendo la zucca leggermente croccante, non sfaldata! Servite con una spolverata di pepe. Ricordate di frullarne una piccola parte per mantecare il risotto prima di servire.
Se vi piace il sapore del formaggio di capra, potete servire il riso con fiocchi di caprino magro in superficie.

Questo piatto l'ho preparato anche con Alessandro per una cena con amici, nella versione «Zucca spumosa e riso Venere»

Zucca spumosa con riso Venere e semi di zucca.

09
ottobre

Cracker al sale nero e rosso

Stefania ha mandato al mio blog questa ricetta di cracker: finalmente prodotti da forno da mangiare senza preoccupazione! Stefi, hai mai provato a prepararli con la farina integrale? Grazie per la ricetta...

«Ho messo nell'impastatrice, all'ora di pranzo, 250 g di farina 00, 120 g di acqua tiepida, 60 g di olio extravergine di oliva, 300 g di pasta madre e 2 manciate di semi di sesamo. Ho impastato per 10 minuti e diviso l'impasto (che non viene molto sodo ma abbastanza appiccicoso) in 2 parti, una l'ho lasciata al naturale mentre all'altra ho unito due manciate di semi di sesamo. Ho messo le due palline di pasta in forno spento a riposare fino all'ora di cena. Ho preso poi le palline e una alla volta le ho passate nella macchina della pasta fino al terzultimo buco, in modo da rendere la sfoglia sottile ma non troppo. Con la rotella per la pizza ho ritagliato le strisce di pasta in piccoli cracker, che ho poi bucherellato con i rebbi di una forchetta e cosparso con sale rosso e sale nero. Ho cotto in forno statico per 15 minuti a 190°».

10
ottobre

Nutraceutici

Antocianine
Fibra
Folati
Fosforo
Potassio

Ingredienti

- 250 g di pasta integrale
- 100 g di melanzane
- 1 spicchio di aglio
- 1 ciuffo di prezzemolo
- olio extravergine di oliva
- 200 ml di spremuta di arancia rossa non zuccherata
- 50 g di mandorle a filetti
- 2 cucchiai di concentrato di pomodoro
- sale

Pennette integrali con melanzane e mandorle

Questa ricetta è studiata per contrastare l'accumulo di grassi grazie alle antocianine, sostanze antiossidanti che, oltre a conferire il tipico colore scuro alla buccia della melanzana e alla polpa dell'arancia rossa, contribuiscono a contrastare l'accumulo di trigliceridi nelle cellule adipose e combattono i radicali liberi.

Tagliate le melanzane a cubetti e fatele saltare in padella con un paio di cucchiai di acqua e lo spicchio di aglio.
Aggiungete la spremuta di arancia rossa, il prezzemolo tritato e quindi il concentrato di pomodoro. Oliate con l'extravergine e mescolate. È consentito pochissimo sale, vista l'aggiunta del concentrato di pomodoro.
Cuocete la pasta. Ripassatela, una volta scolata, nel sugo di melanzane, cospargendo di mandorle a filetti. È particolarmente gustosa con l'aggiunta di uvetta sultanina.

14

ottobre

Plumcake al ribes rosso

Ecco uno dei miei dolci preferiti, che sforno almeno tre volte al mese, ma apportando sempre, proprio sempre, qualche variante: limone, frutta secca come se piovesse... ogni volta è buonissimo anche nei giorni seguenti. Molto amato dai piccoli!

Preriscaldate il forno a 180°. Staccate le bacche dai rametti di ribes.
Versate la farina in una terrina e incorporatevi lo zucchero. Aggiungete poco alla volta, mescolando, il latte e l'olio; è arrivato il momento dei fiocchi di avena, dei ribes, dei lamponi, della cannella e del sale. Amalgamate delicatamente e aggiungete il lievito. Versate in uno stampo, infornate e cuocete per 40 minuti.

Ingredienti

- 200 g di farina 0
- 100 g di fiocchi di avena
- 150 g di zucchero di canna
- 200 ml di latte di soia o mandorla
- 150 g di ribes rosso
- 50 g di lamponi
- 30 ml di olio extravergine di oliva
- 30 ml di olio di mais
- 1 pizzico di cannella
- 1 pizzico di sale
- ½ bustina di lievito

Nutraceutici

Calcio
Polifenoli

Anche i nipotini di Cinzia, Tommaso e Christian, adorano il Magnifico plumcake.

15
ottobre

Ingredienti

- 80 g di farina di mandorle
- 150 g di farina di riso
- 70 g di farina di mais fioretto
- 1 pizzico di sale
- ½ bustina di lievito per dolci
- 7 cucchiai di sciroppo di acero
- 4 cucchiai di olio di mais
- 5 cucchiai di latte di riso
- marmellata di arancia
- 1 limone

Nutraceutici

Calcio
Ferro
Fibra

Dolcini per una sera d'autunno

Questi dolcini sono buoni, semplici da preparare... Solo, hanno bisogno di tempo: vi ci vorrà circa un'ora. D'altro canto, mi sembrano un ottimo modo per riempire una serata autunnale! Sentirete il profumo... Io ve li propongo con la marmellata di arance, ma scegliete voi la vostra preferita.

Utilizziamo qui lo sciroppo d'acero, che si ricava facendo bollire la linfa estratta proprio dall'acero da zucchero. Pensate che per ottenere 1 litro di sciroppo ci vogliono circa 40 litri di linfa. Fondamentale è acquistarlo senza additivi e coloranti aggiunti: solo così sarà veramente genuino e naturale. Il suo potere dolcificante è circa 30 volte maggiore dello zucchero raffinato, pur essendo meno calorico di miele e malto.

Tartellette con marmellata

Miscelate le farine (riso, mandorle, fioretto) e aggiungete sale e lievito. A parte mescolate olio, latte, scorza del limone e sciroppo d'acero. Unite la miscela di farine e amalgamate bene: il composto dovrà essere morbido ma non appiccicoso; nel caso lo fosse, aggiustatelo aggiungendo un po' di farina di riso.
Fatelo riposare per circa 15 minuti e quindi accendete il forno a 180°. Rivestite una teglia con carta da forno e deponetevi l'impasto prelevandolo con due cucchiai, come a formare delle quenelle. Con un altro cucchiaio praticatevi una leggera pressione al centro e lì depositate un cucchiaino di marmellata di arance. Per facilitare questa operazione, immergete il cucchiaio in acqua ogni volta! Cuocete in forno per circa 15 minuti. Attenzione a non far bruciare le tartellette: controllate la cottura, perché ogni forno ha le sue caratteristiche.

Polpette di broccoli e miglio

16

ottobre

Per bambini che detestano i broccoli... e non sono pochi!

Mondate i broccoli e sbollentateli in acqua leggermente salata. Scolateli e con la loro acqua di cottura cuocete il miglio. Riunite tutti gli ingredienti e frullateli. Volendo aggiungete mezzo cucchiaino di aglio in polvere, il grana grattugiato e il sale se necessario.
Con questo composto preparate delle polpettine; passatele nel pane grattugiato. Disponetele su una teglia foderata con carta da forno, nebulizzate con l'olio extravergine di oliva e infornate per 40 minuti a 200°.
Sono ottime servite con la maionese senza uova dei Magnifici 20 o con un sugo di pomodoro ristretto.

Ingredienti

- 150 g di miglio o di cous cous integrale
- 2 broccoli
- 5 cucchiai di olio extravergine di oliva
- 1 cucchiaino di paprika dolce
- ½ cucchiaino d'aglio secco in polvere
- 5 cucchiai di formaggio grana grattugiato
- pane grattugiato
- sale

Nutraceutici

Calcio
Fibra
Folati

18

ottobre

Maionese senza uova

Un classico dei *Magnifici 20*, per chi non lo conoscesse!

Nel bicchiere del mixer versate 150 ml di latte di soia (non zuccherato, mi raccomando!), 130 ml di olio extravergine di oliva, 180 ml di olio di mais o girasole, 2 cucchiai di aceto di mele (o succo di limone), un pizzico di sale, uno di pepe e 1 cucchiaino di curcuma. Frullate con il mixer a immersione lasciando che addensi senza fretta. Ci vorranno circa 5 minuti.

Maionese: ritratto di famiglia

Torta frolla golosa con fragole

Un dolce spettacolare, condiviso da Valentina sul mio blog. «Impastate bene tutti gli ingredienti per la frolla. L'impasto deve risultare liscio e omogeneo (il sapore è dolce al punto giusto e viene voglia di mangiarlo anche crudo, talmente è buono)! Mettete in frigorifero giusto il tempo di preparare la crema.
Sciogliete in un pentolino l'amido di mais con l'olio e un po' di latte di mandorle, aggiungete il cucchiaio di farina e continuate a sciogliere per bene unendo ancora un po' di latte senza fare grumi. Aggiungete la buccia di limone, il chiodo di garofano (darà un tocco particolare al sapore della crema), quindi lo sciroppo d'acero e lo zucchero a velo e unite altro latte fino a quando la crema avrà preso la consistenza desiderata; a fine cottura aggiungete la curcuma, togliete dal fornello e lasciate raffreddare per bene. (Non come me, che ho sempre fretta di finire il dolce rischiando di rovinare tutto proprio alla fine!)
Stendete la frolla sulla teglia che preferite, ricopritela con la crema alle mandorle e mettete in forno a 180° per 20 minuti circa. Fate la prova dello stecchino (mi raccomando)! Togliete la crostata dal forno e, non appena sarà raffreddata, decoratela con le fragole. A questo punto, per dare il tocco finale e rendere il tutto più compatto, si può fare una gelatina vegetale (basta seguire le indicazioni riportate sulla confezione) e versarla direttamente sulle fragole, mettere la torta in frigo e attendere almeno 3 ore, per permettere alla gelatina di rapprendersi e fare la sua figura! Risultato ultra garantito! Il giorno seguente è ancora più buona!»

Ingredienti

Per la frolla:
- 200 g di farina integrale
- 50 g di farina di cocco
- 1 cucchiaio di germe di grano
- 2 cucchiai di olio extravergine di oliva
- 2-3 cucchiai di latte di riso
- 1/2 bustina di lievito per dolci
- 1 cucchiaio e 1/2 di cacao crudo in polvere
- 1 cucchiaio di farina di carrube

Per la copertura:
- 30 g di amido di mais/fecola di patate
- 2 cucchiai di olio di semi di girasole
- la scorza di 1 limone
- 1/2 cucchiaino di curcuma
- 1 chiodo di garofano
- 1 cucchiaio scarso di farina integrale
- 500 ml di latte di mandorla + 1/2 bicchiere (da aggiungere a cottura ultimata per raggiungere la consistenza desiderata della crema)
- 3 cucchiai di sciroppo d'acero
- 1 cucchiaio di zucchero a velo
- fragole
- gelatina per torte biovegan

Nutraceutici

Calcio
Fibre
Folati
Fosforo
Polifenoli

29

ottobre

Ecco una delle ricette proposte a *Tesoro, salviamo i ragazzi!*, tanto piaciuta a mamma Rosa e a Chiara, che porto ancora tanto nel cuore per la grande forza di volontà dimostrata!

Pasta alla cernia e merluzzo

Tagliate gli asparagi a pezzetti e sbollentateli in acqua leggermente salata.
In una padella antiaderente stufate con un paio di cucchiai d'acqua i porri tagliati finemente e, quando prendono colore, aggiungete 3 cucchiai di olio extravergine di oliva. Unite la cernia e il merluzzo, gli asparagi sbollentati e quindi la bustina di zafferano. Lasciate cuocere a fiamma vivace per circa 10 minuti, mescolando di tanto in tanto. Nel frattempo, mettete a cuocere la pasta.
Scolatela molto al dente e unitela al sugo, pepatela, coprite con un coperchio e completate la cottura. Servite rigorosamente caldo.

Ingredienti

- 300 g di pasta corta integrale
- 1 bustina di zafferano
- 250 g di filetto di cernia
- 100 g di merluzzo
- 150 g di asparagi
- 2 porri
- olio extravergine di oliva
- sale
- pepe

Nutraceutici

Fibre
Folati
Grassi insaturi
Potassio
Vitamina E

30
ottobre

Riso alle noci

Un must dei *Magnifici 20*... Un ottimo primo piatto, completo di fibre e vitamine e non solo, visto che le protagoniste di questa ricetta sono le noci, amiche del cuore e ormai consigliate da numerosissimi cardiologi come coadiuvante delle terapie, grazie all'acido grasso «buono» alfa-linoleico, un Omega-3. Inoltre aiutano a fissare il calcio nelle ossa e contengono, oltre al ferro, magnesio, rame, zinco, fosforo e calcio, vitamine del gruppo B ed E e l'arginina, un aminoacido utilizzato dalle nostre cellule per contrastare i fenomeni dell'arteriosclerosi.

Cuocete il riso come vuole la tradizione giapponese, cioè facendolo bollire con il doppio della sua quantità d'acqua salata per 20 minuti e poi lasciandolo a coperchio chiuso e fuoco spento per altri 10 minuti in modo che termini la cottura e assorba completamente l'acqua e il vapore.
Nel frattempo tritate grossolanamente le noci insieme al prezzemolo.
Mondate le cipolle e tritatele, quindi fatele rosolare con l'olio extravergine di oliva.
Oliate una pirofila e cospargetela di pane integrale grattugiato. Versatevi tutti gli ingredienti preparati: il riso, le cipolle e il trito noci-prezzemolo. Cospargete di pane integrale grattugiato e infornate per 15 minuti a 200°. Se desiderate, potete aggiungere una spolverata di pecorino grattugiato.

Ingredienti

- 300 g di riso integrale
- 2 cipolle
- 60 g di noci
- 1 ciuffo di prezzemolo
- 2 cucchiai di pane integrale grattugiato
- 4 cucchiai di olio extravergine di oliva
- sale
- pepe
- 3 cucchiai di pecorino grattugiato (facoltativo)

Nutraceutici

Acidi grassi insaturi
Calcio
Ferro
Fosforo
Magnesio
Rame
Vitamina E
Vitamine gruppo B
Zinco

Piacere, edamame

Complimenti, Francesca! Grazie per aver scritto al mio blog e per questa sana condivisione. I *Magnifici 20* sono anche incontri con nuovi cibi e sapori, e parlandoci di edamame sei stata fantastica! Per chi non li conosce, non si tratta altro che di fagioli di soia verdi che vengono lessati con il loro baccello, conditi con soia e mangiati. Sono di uso quotidiano in Giappone, fortemente proteici e ricchi di fitoestrogeni e calcio. Li trovate nei negozi di alimenti naturali e orientali.

Penne o cereali «giappo» al pesto di prezzemolo

Frullate tutti insieme gli ingredienti per il pesto. Cuocete in abbondante acqua salata la pasta (o i cereali) e gli edamame per circa 10 minuti, unite il tutto e voilà, il pranzo fresco, buono e sano è pronto.

Ingredienti

Per il pesto:
- 1 mazzetto di prezzemolo
- 1 gambo di sedano
- 2 carote
- 2 pomodori
- 20 gr di pinoli
- 1 cucchiaio d'olio
- gomasio q.b.

Per la pasta (o i cereali):
- 70 g di pasta o di cereali integrali
- 100 g di edamame (surgelati)
- sale integrale q.b.

Nutraceutici

Calcio
Carotenoidi
Fosforo
Potassio
Sodio

novembre

01	Pomodorini, patate dolci con vinaigrette
02	Crostata alle mele
07	Lenticchie con mentuccia per burghul
	Crostini di polenta taragna
15	Tortino di patate dolci e semi di senape
16	Merluzzo con melagrana e arancia
21	Tarte Tatin di zucchine
24	Torta cioccopere rivisitata
29	Pizzoccheri ai peperoni rossi e timo
	Pizzoccheri con piselli e zucchine

Ma quanto profumano i funghi secchi? Li adoro!

Idee per Halloween

Zucca in agrodolce: dovete assolutamente provarla. Tagliate la polpa a fettine sottili e lasciatela in zucchero e aceto per una notte, sgocciolatela bene e conservatela sott'olio extravergine di oliva. Aspettate una settimana: una bontà! O provate della vellutata di zucca e porri. E perché non alla griglia, semplice e davvero di effetto nel piatto, con tutte le righe scure che fanno contrasto con l'arancione... Ecco, praticamente vi ho fornito il menù per la cena di Halloween!

Pomodorini, patate dolci con vinaigrette

01

novembre

Cipolle, aglio... Quando preparate questa ricetta dovete trascorrere la serata da soli! Si tratta indubbiamente di un piatto «casereccio», grezzo, ma ricco di sapori e contrasti tra dolce e acidulo, con una consistenza pastosa per via della patata.
Le patate dolci sono una buonissima fonte di beta carotene, il precursore della vitamina A, quello delle carote, del melone, delle albicocche e così via.

Preriscaldate il forno a 200°. In una teglia rivestita con carta da forno disponete le patate dolci tagliate in 4, i pomodorini ciliegia tagliati a metà, la cipolla tagliata in 4 grossi spicchi, l'insalata belga tagliata in 4 e la testa d'aglio tagliata a metà.
Cospargete la superficie con olio extravergine di oliva; ne basta un filo! Aromatizzate con timo e pepe nero in grani.
Cuocete per circa 50 minuti e servite caldo, accompagnato con una salsina preparata mescolando in una ciotolina il succo di limone con la senape, 2 cucchiai di olio, sale e pepe nero.

Ingredienti

- 4 cipolle rosse
- 700 g di patate dolci o americane
- 30 pomodorini ciliegina
- 2 cespi di insalata belga o indivia
- 3 rametti di timo fresco
- 1 testa d'aglio
- pepe nero in grani
- pepe nero in polvere
- 10 cucchiai di olio extravergine di oliva
- il succo di 1 limone
- 1 cucchiaio di senape

Nutraceutici

Antociani
Beta carotene o caroteinoidi
Licopene
Potassio

02

novembre

Ingredienti

Per la pasta:
- 200 g di farina di segale
- 50 g di farina di grano tenero 00
- 100 g di malto di riso
- 10 g di bicarbonato
- 50 g di olio di soia o di mais
- latte di soia q.b. (circa un bicchiere)

Per il ripieno:
- 1 mela
- 1 manciata di uvetta
- cannella
- 5 cucchiai di marmellata di albicocche senza zuccheri aggiunti

Nutraceutici

Calcio
Fosforo
Potassio
Vitamina E

Crostata alle mele

Una gran ricetta per una gran signora crostata... merita la C maiuscola. Brava a Barbara, appassionata di *Tesoro, salviamo i ragazzi!* che ha partecipato con la sua crostata alle mele al concorso indetto da FoxLife. Giko, amico mio, devi provare anche questa versione! Eccellente...

Mischiate le due farine insieme a bicarbonato, olio e malto. Lavorate bene aggiungendo poco latte alla volta fino a ottenere un impasto morbido, liscio e compatto, non appiccicoso.
Fate una palla e lasciatela riposare per circa 30 minuti.
Preriscaldate il forno a 170° (ventilato). Nel frattempo preparate il ripieno. Mettete l'uvetta a bagno in acqua tiepida o succo di mela, e quando è morbida unitela alla mela, tagliata a cubetti e spolverata con cannella.
Riprendete la pasta lasciandone circa 1/4 da parte per fare la decorazione superficiale. Stendetela in una tortiera rivestita con carta da forno; fate in modo che abbia circa 2 centimetri di bordo. Bucherellatela con i rebbi di una forchetta e versate la marmellata. Aggiungete mele e uvetta e se vi piace decorate con strisce ricavate dalla pasta tenuta da parte.
Infornate per circa 20 minuti e lasciate raffreddare completamente prima di trasferire la torta sul piatto da portata.

07

novembre

Ingredienti

- 150 g di burghul
- 130 g di lenticchie rosse decorticate
- 3 o 4 spicchi di aglio
- 1 o 2 cipolle bianche
- 1 mazzetto di menta fresca
- 4 cucchiai di olio extravergine di oliva
- sale
- pepe

Nutraceutici

Calcio
Ferro
Fibre
Fosforo
Potassio
Proteine

Lenticchie con mentuccia per burghul

Cous cous, burghul, riso Venere, miglio... ormai si trovano praticamente ovunque, quindi non avete scuse per non provare questa ricettina tanto ricca di fibre e proteine.
Oggi utilizzo lenticchie «secche», ma mi raccomando: non ci sono problemi a impiegare quelle già lessate!

Sciacquate le lenticchie, scolatele e quindi versatele in una casseruola e copritele con acqua calda. Fatele cuocere a fuoco lento per 40 minuti circa.
Aggiungete un pizzico di sale, pepe, gli spicchi di aglio e quindi il burghul, aggiungendo ancora acqua calda, finché tutto sarà ricoperto dal liquido.
Cuocete ancora per circa 30 minuti. Nel frattempo tagliate le cipolle e unitele alla casseruola sul fuoco.
Tritate la menta con la mezzaluna e aggiungetela in pentola al termine dei 30 minuti. Oliate e servite!

Crostini di polenta taragna

La crema di tofu, olive nere, acciughe e capperi che solitamente propongo in versione estiva sulle barchette di belga (e che qui trovate a pagina 133) si sposa sorprendentemente, in veste invernale, con crostini di polenta taragna abbrustolita. Servite spalmandola o distribuendola con un sac à poche sui crostini caldi. Una o due olive nere per finire regaleranno un tocco in più. Sfido chi assaggia questo piatto a non fare il bis!

15

novembre

Tortino di patate dolci e semi di senape

Quando comprate i semi di senape e poi non sapete cosa farne... ecco la giusta combinazione culinaria!

Lessate le patate dolci senza sbucciarle, quindi fatele raffreddare e tagliatele mantenendo lo spessore di circa 1/2 centimetro (o poco meno).
Disponete le fettine di patata in una pirofila rivestita con carta da forno, formando un primo strato che andrete a condire con i semi di senape, un filo di olio extravergine di oliva, sale e pepe.
Procedete con un secondo strato e magari anche un terzo (dipende dalle dimensioni della pirofila). Per finire, versate sul tutto la ricotta stemperata con acqua. Infornate per circa 25-30 minuti a 200°.

Ingredienti

- 4 patate dolci
- 50-80 g di ricotta magra
- 2 cucchiai di senape in grani
- 5 cucchiai di olio extravergine di oliva
- sale
- pepe

Nutraceutici

Carotenoidi
Potassio

16

novembre

Ingredienti

- 400 g di filetti di cernia o merluzzo
- 1 cipolla
- 1 finocchio
- 1 melagrana
- 40 g di pinoli
- 2 rametti di timo
- 250 g di bietole
- 4 foglie di salvia
- 6 cucchiai di olio extravergine di oliva
- il succo di 1 arancia
- sale
- pepe

Nutraceutici

Ferro
Fosforo
Potassio

Merluzzo con melagrana e arancia

Ottimo piattino invernale... ovviamente possiamo scegliere il pesce che più ci piace e che magari troviamo in offerta al supermercato.
Questa ricetta mi è stata suggerita durante una chiacchierata con una delle corsiste delle serate salutari organizzate alla Fondazione IEO. Sono bellissime, le serate nelle cucine IEO: si fa teoria in aula e ci si diverte nelle cucine subito dopo... insomma: quattro ore in piacevole compagnia, mangiando e chiacchierando.

Pulite le bietole e sgranate la melagrana tenendone da parte il succo. Tagliate a carpaccio sia la cipolla, sia il finocchio.
A vapore, per circa 7 minuti cuocete i filetti di pesce leggermente oliati e cosparsi di timo, salvia e bietole. Unite il succo della melagrana con quello dell'arancia e con l'olio. Frullate il tutto fino a creare un'emulsione aromatica. Aggiustate di sale e pepe.
Tostate i pinoli, facendo attenzione a non bruciarli.
Servite il pesce con bietole e aromi accompagnandolo con il carpaccio di finocchi e cipolle condito dall'emulsione. Cospargete il tutto con i chicchi di melagrana e i pinoli tostati.

Una sorpresa di Tatin

Ecco una ricetta classica della cucina francese! Oh, amata Francia... credo che potrei viverci, malgrado adori il mio Paese.
Questa rivisitazione non è la solita tarte Tatin, è decisamente «innovativa, proteica e senza glutine»: parole e ricetta di Felicia, che ha creato una versione alternativa della base, usando il tofu per l'impasto, con un risultato sorprendente, e ha inviato la ricetta al blog dei Magnifici 20.

«Durante la cottura la superficie diventa leggermente croccante, mantenendo il cuore morbido e soffice. La pasta morbida si armonizza perfettamente con le zucchine: avvolgente, corposa, gustosa... è impossibile far un paragone, la sua consistenza è unica».

Tarte Tatin di zucchine

«In un robot tritate 6-7 foglie di menta, aggiungete il tofu e tritate ancora. Unite la farina di riso, lo zenzero grattugiato, salate leggermente e tritate nuovamente.
Aggiungete la farina di semi di carrube, 1 cucchiaio di olio extravergine d'oliva e azionate nuovamente l'apparecchio: il tofu si trasformerà in un impasto morbido, compatto e modellabile. Se necessario, smuovetelo con una spatola.
Trasferitelo in frigorifero in un contenitore a chiusura ermetica e fate riposare almeno 30 minuti. Potete lasciarlo in frigorifero anche tutta la notte.
Lavate e affettate le zucchine in sottili rondelle, versatele in una padella antiaderente, fatele solo ammorbidire con un goccio d'olio extravergine d'oliva, insaporitele con qualche fogliolina di menta fresca tritata a coltello e una grattugiata di zenzero fresco, salatele secondo i vostri gusti. Lasciate raffreddare.
Foderate 6 stampini con carta da forno bagnata e strizzata e rivestiteli con le zucchine.
Su un foglio di carta da forno leggermente oliato stendete il composto di tofu, formando una sfoglia di 5 mm di spessore; con il mattarello si assottiglia senza problemi.
Con l'aiuto di una formina ritagliate dei dischi di pasta delle dimensioni degli stampini; impastate i ritagli e proseguite sino a esaurimento dell'impasto.
Ricoprite le zucchine negli stampini con un disco di sfoglia di tofu; con l'aiuto di una paletta, girate la sfoglia all'interno dello stampo, in modo che avvolga completamente il ripieno.
Bucherellate la sfoglia e infornate gli stampini a 180° per 20 minuti.
A cottura ultimata sfornate le Tatin, rovesciatele su una teglia foderata con carta da forno e fatele asciugare per qualche minuto nel forno ancora caldo.
Sfornate, lasciate intiepidire e gustate... Perfette come piatto unico o antipasto sfizioso.
Buonissime, originali, per far colpo sugli ospiti ma non solo: in famiglia saranno apprezzate da tutti».

Ingredienti per 6 tortine

- 250 gr di tofu
- 70 gr di farina di riso
- 4 cucchiaini di farina di semi di carrube
- zenzero fresco
- menta fresca q.b.
- 8 zucchine (piccole)
- sale blu di Persia
- olio extravergine d'oliva

Nutraceutici

Calcio
Fibra
Folati
Potassio

24

novembre

Torta cioccopere rivisitata

Ecco la mia torta cioccopere di comprovato successo, rivisitata usando, al posto del burro di datteri, la frumina, presente in tutti i supermercati. Ho anche abolito gli amaretti secchi ma vi assicuro che fa sempre la sua figura! È buonissima...

Sbucciate e tagliate a pezzetti le pere (o tagliate quelle sciroppate). Sciogliete nel frattempo il cioccolato a bagnomaria con circa 150 ml di latte vegetale (di soia o di riso o di mandorla). Miscelate le tre farine e unitevi il lievito, lo zucchero, il restante latte vegetale e il cioccolato fondente fuso a bagnomaria.
Versate metà dell'impasto nella tortiera foderata con carta da forno e distribuitevi i pezzetti di pera; coprite con la restante metà di impasto.
Se avete utilizzato le pere sciroppate, bagnate la superficie dell'impasto con 3 cucchiai di succo di conserva (è zuccherato!).
Cuocete in forno preriscaldato a 200 °C per 45 minuti. Terminata la cottura, spegnete il forno e lasciatevi la torta per altri 10 minuti, senza toccarla! Servitela rigorosamente fredda, anche da frigorifero.
Si conserva per giorni ed è particolarmente gustosa e squisita (non vi dico quanto è buona con lo zucchero a velo assorbito sulla superficie dopo un paio di giorni...).

Ingredienti

- 250 g di farina integrale
- 90 g di frumina
- 80 g di farina di mandorle
- 350 g di cioccolato fondente al 70%
- 600 ml di latte di riso o latte di soia o latte di mandorla
- 1 bustina di lievito per dolci
- 3 pere mature (o 2 scatolette di pere sciroppate, che io preferisco per la loro migliore resa in termini di umidità)
- 80 g di zucchero integrale di canna (facoltativo o a seconda della percentuale di cacao presente nel cioccolato adoperato)

Nutraceutici

Calcio
Fosforo
Polifenoli
Potassio

Pizzoccheri più...

Il grano saraceno è privo di glutine e le sue origini risalgono alla Mesopotamia: è ricco di lisina, vitamina P ed è considerato un vero e proprio tonificante. Oltre ad agire come fluidificante del sangue, è ottimo per la salute dell'intestino, perché permette di ridimensionare gli intestini troppo «espansi» e rilassati.
In queste pagine presento due preparazioni nate nella mia testa per sfruttare in maniera alternativa i buonissimi pizzoccheri di grano saraceno. Li adoro nella ricetta classica, ma essendo il grano saraceno ricco di sapore, perché non abbinarli a qualche altro condimento? Qui vanno a braccetto con peperone rosso e timo nel primo caso, e con piselli e zucchine nell'altro.

In più, se voleste preparare voi stessi la pasta, ecco la ricetta per 350 g di pizzoccheri «rubata» dagli appunti del grande amico Pietro Leeman durante un momento di condivisione in cucina (quella volta però, come si vede nelle fotografie, li abbiamo cucinati nella versione classica, anche se leggera): scaldate 180 ml di acqua; quando è bollente, miscelatela, usando un cucchiaio di legno, a 320 g di grano saraceno. Poco dopo sarà possibile lavorarla con le mani. Stendetela a uno spessore di non meno di 2 millimetri e tagliate i pizzoccheri con un coltello.

P.S.: Possono essere cucinati anche il giorno dopo, o cucinati e congelati. Scaldati e accompagnati con formaggio grattugiato sono squisiti!

Pizzoccheri ai peperoni rossi e timo

Preparate i pizzoccheri e quindi cuoceteli in acqua leggermente salata. Nel frattempo tagliate i peperoni rossi a listarelle e fateli appassire dolcemente con un filo di olio in una padellina antiaderente.
Affettate finemente le cipolle e unitele ai peperoni in cottura, aggiungendo un paio di cucchiai d'acqua di cottura dei pizzoccheri. Scolate la pasta e unitela al condimento sul fuoco. Aromatizzate con abbondanti rametti di timo e servite immediatamente, eventualmente pepando un poco.

Ingredienti

- 350 g di pizzoccheri (in scatola o preparati da voi!)
- 200 g di peperoni rossi
- 2 cipolle
- timo
- 4 cucchiai di olio extravergine di oliva
- sale

Nutraceutici

Ferro
Fibra
Fosforo
Potassio
Zinco

Pizzoccheri con piselli e zucchine

Affettate sottili le zucchine e fatele stufare in una casseruola con poca acqua. Aggiungete un pizzico di sale e cuocete per 10 minuti. Unite i piselli e lo zafferano, e se necessario un po' di acqua di cottura dei pizzoccheri, che nel frattempo avete messo a lessare in una pentola di acqua bollente leggermente salata. Fate cuocere ancora per 5 minuti e aggiungete l'olio. Proseguite la cottura delle verdure per 15 minuti, versatele nella zuppiera insieme ai pizzoccheri e servite.

Ingredienti

- 350 g di pizzoccheri
- 2 zucchine
- 300 g di piselli surgelati sbollentati o in scatola
- 2 bustine di zafferano
- 5 cucchiai di olio extravergine di oliva
- sale

Nutraceutici

Aminoacidi essenziali
Calcio
Ferro
Fosforo
Magnesio
Vitamina E
Vitamine gruppo B
Zinco

Cacao
Pour 2 personnes
75 grammes de chocolat en plaquette,
20 cl de lait,
30 cl de créme liquide,
2 cullière de sucre en poudre

dicembre

04	Cavolo verza e fagioli
05	Crema di fagioli bianchi alla salvia con bietole e riso Venere
07	Biscotti al caffè
11	Biscotti alla farina di ceci
12	Insalata di noci, belga e pere
18	Brodo del cavolo
20	Zuppa di lenticchie all'arancia rossa
23	Crema di broccoli
24	Insalata di crauti viola, mango e papaja
27	Zuppa di cavolo nero

04

dicembre

Ingredienti

- 200 g di cavolo verza
- 400 g di fagioli cannellini lessati
- 2 patate
- 2 cipolle
- 1 mela Granny Smith
- 6 cucchiai di olio extravergine di oliva
- prezzemolo
- sale
- pepe

Nutraceutici

Potassio
Fibre
Ferro
Indoli
Calcio
Lecitina

Cavolo verza e fagioli

Rivisitazione di una ricetta dei *Magnifici 20* che è piaciuta particolarmente al mio amico Leo. La versione zucca e mela non era male? Prova questa! Vedrai...

Sbucciate le patate e la mela e tagliatele a cubetti. Fateli cuocere in una casseruola capiente insieme a circa 1,5 l di acqua. Aggiungete il cavolo verza tagliato a striscioline sottili e le cipolle. Fate sobbollire regolando di sale e pepe. Dopo 20 minuti aggiungete i fagioli cannellini scolati e risciacquati e proseguite la cottura per altri 15 minuti a fuoco moderato.
Bene, la zuppa è pronta e squisita. Una volta impiattata si sposa alla grande con un cucchiaio di yogurt bianco greco, olio extravergine di oliva e prezzemolo spezzato a mano.

Legumi in ammollo

Nei legumi sono contenute delle sostanze chiamate fitati, definite «antinutrizionali» in quanto capaci di legarsi chimicamente a diversi minerali (calcio, ferro, zinco, ecc.), riducendone l'utilizzazione da parte dell'organismo. I fitati vengono inattivati dal calore e dalla fermentazione. Nella procedura di ammollo dei legumi si riduce fortemente la quantità di queste sostanze. A tal proposito si può ridurre il tempo di cottura dei legumi se vengono lasciati a bagno per circa 7 ore (eccetto le lenticchie) con qualche cucchiaino di bicarbonato o altri sali alcalini, oppure ancora aggiungendo il sale solo alla fine della cottura. Queste pratiche tradizionali favoriscono l'ammorbidimento dei legumi (secchi, ovviamente).

05

dicembre

Crema di fagioli bianchi alla salvia con bietole e riso Venere

Per questa ricetta vorrei consigliarvi di provare il brivido del fagiolo bianco di Spagna secco: metterlo in ammollo, cuocerlo... Un sapore davvero buono e delicato, quasi dolce, pastoso... vabbe', non voglio esser troppo «casalingo» e quindi vi concedo senza problemi, purché vengano lavati sotto acqua corrente, i fagioli di Spagna già lessati e chiusi in vetro o latta. Se scegliete questa strada, non vedo scuse per non preparare la mia ricetta!

In una padella antiaderente mettete a stufare i fagioli di Spagna con 2 bicchieri di acqua, poco sale, salvia, 1 spicchio di aglio e 1 cipolla. Una padella gemella, a eccezione della cipolla e della salvia, la preparate con le bietole.
Lessate le bietole e saltate i fagioli, frullateli separatamente, aggiustando di sale se necessario. Lessate il riso Venere e scolatelo con attenzione.
E ora, spazio alla creatività: distribuite in ciascun piatto la crema di fagioli bianchi contemporaneamente alla crema di bietole creando un gioco di colori e cercando di non mischiarli. Completate formando un piccolo mucchietto di riso venere e condite con olio extravergine di oliva.

Ingredienti

- 400 g di fagioli di Spagna lessati
- 250 g di bietole
- 200 g di riso Venere
- 10 foglie di salvia
- 2 spicchi di aglio
- 1 cipolla
- 6 cucchiai di olio extravergine di oliva
- sale

Nutraceutici

Calcio
Ferro
Fibre
Folati
Potassio

BIALETTI

Biscotti al caffè

07

dicembre

Questi biscotti sono friabili, croccanti e buonissimi. Cosa volere di più per la nostra colazione? Ecco questa sana e rapida ricetta che, vedrete, non deluderà nessuno!

Riunite in una ciotola la farina, lo zucchero di canna e le mandorle tritate, il cacao, il caffè e quindi l'olio di mais. Mescolate tutto e aggiungete poca acqua: ce ne vorranno circa 70-80 ml. Formate una palla e lasciatela riposare in frigorifero per circa un'ora.
Stendete l'impasto fino a ottenere uno spessore di circa 1/2 centimetro e quindi ritagliatene dei quadrotti della dimensione che più vi piace. Cuocete in forno per 13 minuti a 170°, sopra una teglia rivestita con carta forno.

Ingredienti

- 50 g di farina 0
- 50 g di farina integrale
- 20 g di zucchero integrale di canna
- 20 g di farina di mandorle
- 1 cucchiaio di cacao amaro
- 1 cucchiaio di caffè macinato
- 3 cucchiai di olio di mais

Nutraceutici

Calcio
Fibra
Fosforo
Polifenoli

Biscotti alla farina di ceci

11

dicembre

Sapevate della mia predilezione per i ceci, in insalata, come frittata, in purea e... come dolce? Eccovi i miei biscotti sani, gustosi e... ceciosi! Provare per credere quanto siano buoni e dal gusto interessante.

Frullate le nocciole con lo zucchero integrale, la scorza di arancia e la cannella. Quando il composto sarà omogeneo, unitevi la farina di ceci e quindi il cocco grattugiato. Non vi nego che delle gocce di cioccolato si sposano molto bene con questo impasto, ma vedete voi se aggiungerle o meno, io vi ho solo dato il suggerimento!
Aggiungete acqua e olio e impastate. Ottenuta la classica palla lasciatela riposare in frigorifero per circa 20 minuti; sarà fredda e più facile da lavorare e stendere.
Lo spessore ideale che dovreste ottenere è di circa 1/2 centimetro. Stendetela su una placca rivestita di carta da forno e infornate a 180° per circa 15 minuti, variabili a seconda del vostro forno: se è ventilato, potrebbero bastarne 12.

Ingredienti

- 280 g di farina di ceci
- 100 g di nocciole
- 80 g di olio di girasole
- 30 g di cocco grattugiato
- 1 cucchiaio di cannella
- la scorza di 1 arancia
- 80 g di zucchero integrale di canna mascobado

Nutraceutici

Acidi grassi insaturi
Fibra
Polifenoli
Vitamina E

12

dicembre

Ingredienti

- 10 noci
- 500 g di insalata belga
- 2 pere William
- 2 cucchiai di aceto balsamico
- 5 cucchiai di olio extravergine di oliva
- timo fresco
- sale
- pepe

Nutraceutici

Acidi grassi insaturi
Folati
Proteine

Insalata di noci, belga e pere

Insalatina fresca dai colori delicati ma dal sapore deciso. Se volete arricchirla con della ricotta fresca potete farlo, io preferisco aggiungere dei dadini di bresaola Muscolo di grano o seitan saltato con salsa di soia. Fibre, vitamine e tanti macrominerali importanti per la nostra salute.

Affettate l'insalata belga a rondelle sottili e disponetela in un grande piatto da portata. Cospargetela di noci spezzettate grossolanamente a mano; salate, pepate e aromatizzate con timo fresco.
Solo adesso potete tagliare le pere a cubetti piccoli piccoli; disponeteli sull'insalata, passate l'extravergine di oliva e l'aceto balsamico.
Accompagnate quest'insalata con pane integrale ai semi oleosi. Se desiderate, potete aumentare l'effetto protettivo del sistema cardiovascolare aggiungendo una ventina di chicchi di uva rossa, denocciolata.

18

dicembre

Brodo del cavolo

È una fredda giornata di dicembre e questo buon brodo mi servirà per almeno un paio di ricette nei prossimi giorni... comunque, è sempre possibile congelarlo o, visto il freddo che fa, lasciarlo fuori, sul balcone! Ci sono - 5°C...
Scommetto che un brodo vegetale così buono e ricco non lo avete mai preparato. Per le caratteristiche nutrizionali e funzionali, vi rimando ai Magnifici 20, dove troverete ogni informazione utile per comprendere quanto sia buono e sano!

Lavate tutte le verdure e tagliatele grossolanamente in pezzetti non troppo piccoli; ne utilizzerete ogni parte, quindi non state a mondarle troppo. Ponete i funghi secchi in ammollo in acqua tiepida e le alghe in acqua fredda, gli uni e le altre per circa 20 minuti.
Trascorso questo tempo, riempite una pentola a bordi alti con 1 l di acqua e mettetela sul fuoco a fiamma media. Gettatevi tutte le verdure, le alghe e i funghi ammorbiditi e fate sobbollire per circa 20 minuti. Spegnete, filtrate il brodo e aggiungete il miso, mescolando bene affinché si sciolga completamente. Aggiungete il prezzemolo, l'olio e servite tiepido, o utilizzate il brodo per qualsiasi preparazione che vorrete arricchire di gusto e salute.
Ve lo consiglio anche con del riso Venere... Provatelo! E se desiderate più cremosità, frullate tutto senza filtrarlo e consumatelo e utilizzatelo così.

Ingredienti

- 200 g di funghi secchi shiitake
- 1 ciuffetto di alga wakame
- 300 g di cavolfiore verde
- 100 g di daikon
- 3 cipolle
- 1 gambo di sedano
- 1 spicchio di aglio
- 2 carote blu o, in alternativa, anche arancioni
- 3 cucchiai di olio extravergine di oliva
- 3 cucchiai di miso di orzo
- 1 ciuffo di prezzemolo

Nutraceutici

Antocianine
Carotenoidi
Indoli
Potassio

20

dicembre

Ingredienti

- 400 g di lenticchie
- 3 manciate di cous cous integrale
- 1 cipolla
- 1 spicchio d'aglio
- 2 arance rosse
- 5 cucchiai di olio extravergine di oliva
- sale
- pepe

Nutraceutici

Ferro
Fosforo
Polifenoli
Potassio
Vitamina C

Zuppa di lenticchie all'arancia rossa

Una ricetta dell'amico Allan Bay che, oltre a gradire i piatti della nostra tradizione, è anche capace di elaborare piatti fortemente salutari... come questa zuppa, che ho leggermente ritoccato secondo le mie solite attenzioni nutrizionali.

Tritate e fate rosolare la cipolla e l'aglio in una casseruola con l'olio. Dopo circa 5 minuti versate 1,5 litri d'acqua bollente e le lenticchie.
Cuocete per circa un'ora, aggiustando leggermente di sale. A questo punto aggiungete il succo delle arance e la scorza di 1/2 arancia. Unite il cous cous e proseguite la cottura per circa 10 minuti. Incoperchiate e lasciate a fuoco spento per 5 minuti. Aggiungete il pepe e servite.

Arance...

Un'idea per una macedonia un po' sfiziosa: affettate le arance conservandone la buccia, tritate dei pistacchi non salati e procuratevi del miele, magari un millefiori. Servite tutto insieme: sarà un fresco e gustoso dessert.
E a proposito di buccia d'arancia: se cotta in acqua, origina un infuso che favorisce la funzione epatica e depura l'organismo. Si ipotizza che possa anche contribuire alla prevenzione del cancro allo stomaco.

Crema di broccoli

23

dicembre

Non piace solo agli adulti ma anche ai bambini! Ho scoperto che, malgrado il forte odore, il sapore dolciastro dei broccoli piace anche a loro. Ecco un modo per cucinarli, molto semplice, davvero saziante e in cui non si butta via nulla.

Mondate i broccoli e cuoceteli in 800 ml d'acqua leggermente salata. Mi raccomando: utilizzatene anche i gambi e le foglie verdi, se ci sono! Aggiungete il latte e portate al bollore.
Nel frattempo fate saltare in padella i porri tagliandoli finemente inclusa la porzione verde, ricca di sapore, con l'olio extravergine e, una volta che hanno preso colore, uniteli ai broccoli in cottura. Tostate pinoli e pistacchi in una padellina antiaderente. Frullate broccoli e porri e servite la crema guarnendola con qualche pinolo e pistacchio tostato.

Ingredienti

- 600 g di broccoli
- 200 g di porri
- 80 g di latte scremato o di soia
- 3 cucchiai di olio extravergine di oliva
- 1 manciata di pinoli e pistacchi

Nutraceutici

Calcio
Ferro
Fitoestrogeni
Folati

24 dicembre

Ingredienti

- 1 mango
- 1 papaya
- 1 crauto viola
- 1 o 2 cipolle rosse
- 4 cucchiai extravergine di oliva
- 1 cucchiaio salsa di soia
- 1 cucchiaio di aceto di mele
- menta
- sale
- pepe

Nutraceutici

Antocianine
Calcio
Fibre
Potassio
Vitamina A
Vitamina C

Insalata dell'inverno

Adoro le verze e tutta la loro famiglia... incluso il bellissimo cavolo viola, o crauti viola! Stufati o in vellutata, sono spesso presenti nella mia tavola invernale, anche in insalata. Li avete mai provati così?

Insalata di crauti viola, mango e papaya

Per questa ricetta di gustosa e fresca insalata invernale, la vostra abilità sarà quella di saper tagliare, anzi affettare finemente.
Tagliate sottilmente la cipolla rossa, il crauto viola e quindi il mango e la papaya, impiattate tutti questi coloratissimi ingredienti e condite con un emulsione di olio extravergine di oliva, salsa di soia e aceto di mele.
Per rinfrescare il piatto, spezzettate con le mani e solo al momento di servire, delle foglioline di menta piperita.

27 dicembre

Ingredienti

- 400 g di cavolo nero
- 200 g di fagioli borlotti lessati
- 100 g di fagioli azuki lessati
- 2 cipolle
- 150 g di polpa di pomodoro
- 5 cucchiai di olio extravergine di oliva
- sale

Nutraceutici

Calcio
Vitamina C

Zuppa di cavolo nero

Preparo sempre questa zuppa quando il cavolo nero è di stagione. A me piace arricchirla con fagioli borlotti e un pugno di miglio, ma potete anche farne a meno se così vi sembra troppo ricca di ingredienti.

Portate al bollore 1 litro d'acqua leggermente salata. Mondate il cavolo nero e tagliatelo a listarelle. Fate la stessa cosa con le cipolle, quindi mettete a cuocere tutto insieme, regolando di sale. Aggiungete la polpa di pomodoro, i fagioli azuki e i borlotti lessati e proseguite la cottura per circa un'ora.
Quando la zuppa è pronta, aggiustate di pepe e condite con olio extravergine di oliva accompagnandola magari con del buon pane casereccio, ricco di semi oleosi e farine integrali.

Idee per il pranzo di Natale... Alcune ricette sono i miei «cavalli di battaglia», come la classica insalata russa con la mia maionese senza uova... Cosa metterò nel prossimo?

Grazie a...

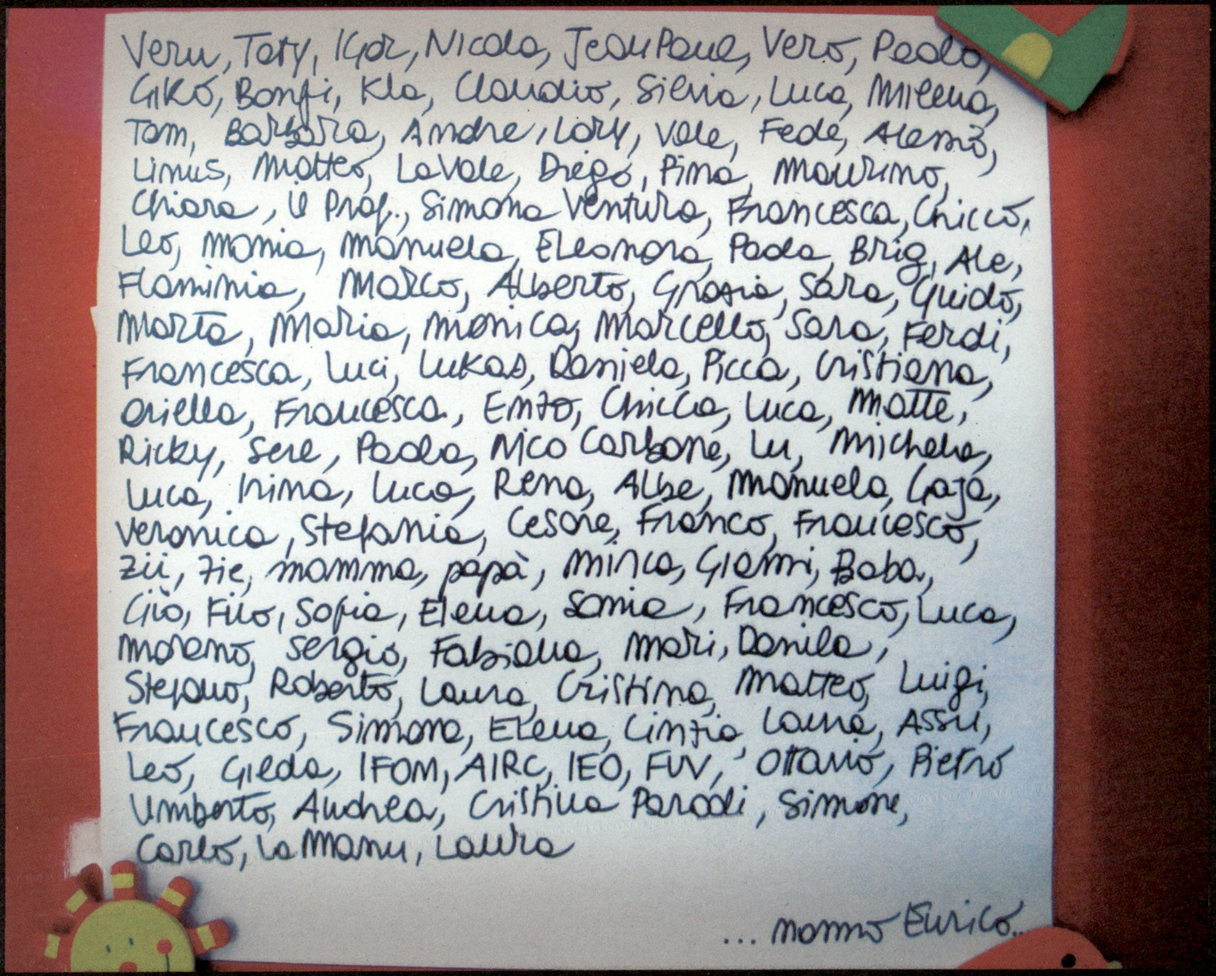

Veru, Tery, Igor, Nicola, Jean Paul, Vero, Paolo,
Giko, Bonfi, Kla, Claudio, Silvia, Luca, Milena,
Tom, Barbara, Andre, Lory, Vale, Fede, Alessio,
Linus, Matteo, La Vale, Diego, Pina, Massimo,
Chiara, il Prof., Simona Ventura, Francesca, Chicco,
Leo, Monia, Manuela, Eleonora, Paola, Brig, Ale,
Flaminia, Marco, Alberto, Grazia, Sara, Guido,
Marta, Maria, Monica, Marcello, Sara, Ferdi,
Francesca, Luci, Lukas, Daniela, Picco, Cristiana,
Ornella, Francesca, Enzo, Chicco, Luca, Matte,
Ricky, Sere, Paola, Nico Carbone, Lu, Michela,
Luca, Irina, Luca, Rena, Albe, Manuela, Cajo,
Veronica, Stefania, Cesare, Franco, Francesco,
zii, zie, mamma, papà, Mirco, Gianni, Baba,
Giò, Filo, Sofia, Elena, Sonia, Francesco, Luca,
Moreno, Sergio, Fabiana, Mari, Danila,
Stefano, Roberto, Laura, Cristina, Matteo, Luigi,
Francesco, Simone, Elena, Cinzia, Laura, Assu,
Leo, Gilda, IFOM, AIRC, IEO, FUV, Ottavio, Pietro
Umberto, Andrea, Cristina Parodi, Simone,
Carlo, La Manu, Laura

... mamma Enrico...

Per saperne di più

https://www.airc.it/
http://bressanini-lescienze.blogautore.espresso.repubblica.it/
http://www.cancer.gov/
http://www.fondazioneveronesi.it/
http://www.food.gov.uk/
http://www.inran.it/
http://www.istitutotumori.mi.it/
http://www.molecularlab.it/.
http://www.ncbi.nlm.nih.gov/
http://www.salute.gov.it/
http://www.istitutotumori.mi.it/istituto/documenti/cittadino/Il_cibo_dell'uomo.pdf

Riviste

Ok salute – Direzione Scientifica della Fondazione Umberto Veronesi

Cucina Naturale, disponibile anche in versione digitale (http://www.tecnichenuove.com/riviste/collane/cucina_naturale.html)

Libri

A. Bay, *La cucina nazionale italiana* (con Paola Salvatori), Ponte alle Grazie, 2008; *Cucinare verde* (con Cristina Bay), TEA, 2008; *Cuochi si diventa*, Feltrinelli, 2004 e 2009.

Joia, *I nuovi confini della cucina vegetariana*, Giunti, 2009.

P. Leemann, S. Salvini, *Diario di un cuoco*, Ponte alle Grazie, 2007.

A. Mariani Costantini, C. Cannella, G. Tomassi, *Alimentazione e nutrizione umana*, Il pensiero scientifico Editore, 2006.

C. Tonelli, U. Veronesi, *Acqua e cibo: la rivoluzione necessaria*, Sperling&Kupfer, 2010.

Vi invito inoltre a consultare i blog di altri amici della buona cucina salutare, che hanno scritto e scrivono al mio imagnifici20.it:

bambinigolosi.blogspot.it - cuochettainpuntadipiedi.com - defelicitateanimi.blogspot.it - forchettinagiramondo.wordpress.com - gnambox.com - lacuocapasticciona.com - ledeliziedifeli.wordpress.com - lemaniinpastafrolla.blogspot.it - pochimacuochi.tumblr.com - ravanellocurioso.wordpress.com - ricetteveg.com - unavnelpiatto.it - viaggiculinari.blogspot.it - zenzeroenuvole.it

Glossario nutraceutico

Acidi grassi insaturi: monoinsaturi o polinsaturi, in base al numero di legami chimici presenti, sono i grassi più facili da digerire. Se ben conservati, hanno la (positiva) tendenza a fluidificare il sangue e ad abbassare il livello di colesterolo in esso presente.

Alcaloide: è una sostanza naturale e di origine vegetale di carattere basico con riconosciute proprietà medicamentose o tossiche in relazione al tipo e alla dose.

Aminoacidi: sono i «mattoni» delle proteine, presenti sia nelle cellule vegetali che in quelle animali, coinvolti non solo nei processi di tipo plastico, cioè nella costruzione di nuova materia vivente, ma anche in quelli energetici come la sintesi degli zuccheri e dei lipidi.

Antociani, Antocianine: vedi Polifenoli

Betacarotene: vedi Carotenoidi

Calcio: è coinvolto nella contrazione e nel rilassamento muscolare, nella trasmissione dell'impulso nervoso, nella coagulazione del sangue, nella pressione sanguigna e nella difesa immunitaria.

Carotenoidi: combattono i radicali liberi e quindi svolgono una funzione importante per il sistema immunitario. Studi epidemiologici hanno evidenziato che elevati livelli di betacarotene coincidono con rischi più bassi di contrarre il tumore ai polmoni.

Composti solforati: migliorano la circolazione periferica, proteggono le pareti dei vasi sanguigni dai danni ossidativi, riducono i grassi nel sangue e modulano la funzione delle piastrine, svolgendo una funzione antiaggregante in grado di prevenire la trombosi.

Ferro: svolge importanti funzioni nell'organismo umano: è componente dell'emoglobina per il 65% e della mioglobina per il 10%; il restante è ferro di deposito sotto forma di ferritina ed emosiderina. Serve inoltre per il trasporto dell'ossigeno nel sangue e nei muscoli.

Fibre: sono componenti indigeribili per il nostro organismo e di origine vegetale, contenute ad alti livelli in frutta (secca e fresca), verdura, legumi e cereali. Sono costituite principalmente da cellulosa, emicellulosa, pectina e lignina.

Fitoestrogeni: vedi Polifenoli

Fitosteroli: sostanze ritenute importanti per la prevenzione delle malattie cardiovascolari. I latti fermentati addizionati di fitosteroli sono in grado di abbattere di circa il 10% il livello di colesterolo cattivo in soggetti con moderata ipercolesterolemia, fisiologica e non patologica.

Folati: famiglia di sostanze (provitamine) con struttura e attività biologica analoga a quella della classica vitamina B9.

Fosforo: l'85% del fosforo dell'organismo si trova nelle ossa insieme al calcio; il restante 15% si trova nei tessuti molli e nei liquidi extracellulari dove svolge ruolo strutturale e funzionale: è infatti un importantissimo componente del materiale genetico.

Grassi: la loro funzione principale è fornire energia al nostro organismo; una volta ingeriti vengono «digeriti» (scissi) in acidi grassi e glicerina, se non utilizzati vanno a depositarsi nelle cellule adipose (chiamate adipociti), formando una importante riserva calorica. Sono indispensabili per alcune funzioni organiche: infatti, oltre a essere veicoli delle vitamine liposolubili (A, D, E, K, H), fanno parte di importantissime sostanze quali i fosfolipidi e alcuni ormoni.

Iodio: Viene utilizzato dal nostro organismo per la sintesi degli ormoni tiroidei, messaggeri biologici importantissimi per regolare il metabolismo corporeo. Secondo le ultime ricerche avrebbe anche un'importantissima attività antiossidante, ma sono necessari ulteriori studi per comprendere esattamente il suo meccanismo d'azione. Secondo queste recenti acquisizioni lo iodio sarebbe in grado di proteggere l'organismo dai danni dell'ipercolesterolemia e da molte malattie cardiovascolari (aterosclerosi e ipertensione).

Licopene: vedi Carotenoidi.

Magnesio: come il calcio, anche il magnesio gioca un ruolo fondamentale nella mineralizzazione dell'osso e nella regolazione della pressione sanguigna. Regola inoltre le funzioni di alcuni enzimi, la sintesi proteica, la contrazione muscolare e la trasmissione dell'impulso nervoso.

Omega-3: vedi Acidi grassi insaturi

Polifenoli: i polifenoli costituiscono una famiglia di circa 5000 molecole organiche ampiamente diffuse negli alimenti di origine vegetale. Diversi studi epidemiologici hanno dimostrato che hanno un ruolo nella prevenzione del cancro, in numerose patologie cronicodegenerative come aterosclerosi e nelle patologie cardiovascolari. Spesso la loro azione antiossidante aumenta se vengono associati determinati alimenti contenenti vitamina C, vitamina E e carotenoidi.

Potassio: ha una funzione importante per il mantenimento del bilancio idrico, per la trasmissione dell'impulso nervoso e per la contrazione muscolare.

Proteine: l'elemento fondamentale per la «costruzione» del muscolo, in quanto la muscolatura per accrescersi usa queste sostanze come fonte nutritiva di accrescimento.

Selenio: è il principale costituente di un enzima che blocca i radicali liberi e «lavora» a braccetto con la vitamina E. Contribuisce ad aumentare le difese immunitarie, incrementando la produzione di anticorpi, e sembra agire sulla crescita delle cellule tumorali, bloccandola. Ha dunque una spiccata attività antiossidante. Permette di proteggere le membrane cellulari ed è implicato in varie e differenti funzioni vitali come ad esempio la sintesi degli ormoni tiroidei e lo sviluppo degli spermatozoi.

Sodio: costituisce ben il 40% del sale da cucina (cloruro di sodio) ed è un vero e proprio pericolo per il nostro organismo, in quanto fattore di rischio per le malattie cardiovascolari. Inoltre consumi eccessivi di sale sembrano predisporre all'insorgenza di tumori dello stomaco. In quantità corretta, permette il mantenimento dell'equilibrio acido-base e del bilancio idrico. È il principale elettrolita dei fluidi extracellulari ed è fondamentale per la trasmissione dell'impulso nervoso, oltre a giocare un ruolo importante nel mantenimento della pressione sanguigna.

Terpeni: idrocarburi insaturi, aciclici o ciclici di sintesi o naturali come quelli presenti in diversi agrumi o piante aromatiche: terpineolo, borneolo, mentolo, piperitone, pulegone, carvone, canfora, santonina, artemisina, saponine, acido ursolico, chinovico, betulinico.

Vitamine: sempre presenti in ogni nostro pasto e, mi raccomando, naturali! Evitate gli integratori fin quanto vi è possibile. Quali vitamine? Almeno le 5 più importanti: Vitamina A per migliorare pelle e vista, Vitamina B per un miglior funzionamento del metabolismo, Vitamina C per il sistema immunitario, Vitamina D per mantenere le ossa sane, Vitamina E per il cervello e i muscoli.

Zinco: metallo molto importante per il nostro organismo, presente nelle ossa, nei denti, nel sangue e nel fegato ma non soltanto, è coinvolto nella produzione di collagene e aiuta il metabolismo dei grassi (lipidi), dei carboidrati, delle proteine, del DNA e degli ormoni.

Indice per portate

Antipasti, aperitivo, pani, focacce, snack

Vellutate, minestre, zuppe

Primi piatti asciutti

Secondi di pesce e di tofu

Piatti di verdura

Insalate

Polpette, crocchette, involtini, torte salate

Dolci e dessert

Basi, salse, condimenti

Indice alfabetico delle ricette e degli ingredienti

Indice generale

Finito di stampare
nel mese di ottobre 2012
per conto di Adriano Salani Editore S.p.A.
da Grafica Veneta S.p.A. di Trebaseleghe (PD)
Printed in Italy